HEYNE <

STEFFEN BÜTOW

DENK DICH SCHLAU!

Die besten Gedächtnistechniken für junge **SUPERHIRNE**

Wilhelm Heyne Verlag
München

FSC
www.fsc.org
MIX
Papier aus ver-
antwortungsvollen
Quellen
FSC® C012425

Verlagsgruppe Random House FSC-DEU-0100
Das für dieses Buch verwendete FSC®-zertifizierte Papier
Eurobulk liefert Sappi, Biberist, Schweiz.

Originalausgabe 02/2011

Copyright © 2011 by Wilhelm Heyne Verlag, München,
in der Verlagsgruppe Random House GmbH
Printed in Germany 2011
Redaktion: Angelika Lieke, München
Umschlaggestaltung: Hauptmann & Kompanie Werbeagentur, Zürich
Umschlagfoto: © Anja Frers/Schierke, Bildbearbeitung: Rotfilter
Illustrationen: Julia Lemke
Fotos im Innenteil: Seite 27: © akg-images/Erich Lessing,
Seite 104: © akg-images, alle anderen: © privat
Satz: Uhl + Massopust, Aalen
Druck und Bindung: OAN, Zwenkau
ISBN: 978-3-453-63007-9

www.heyne.de

Denk dich schlau!
Die besten Gedächtnistechniken für junge Superhirne

Für Anna und Johannes
Kinder sind immer unsere Zukunft

Der Aufbau des Buches

(Schwierigkeitsgrad: *-leicht **-mittel ***-schwer)

»Wenn du etwas ganz fest willst,
dann wird das gesamte Universum dazu beitragen,
dass du es auch erreichen kannst.«

aus: »Der Alchimist« von Paulo Coelho

■ Ein kurzes Vorwort – dann geht es gleich los!

Du hältst gerade ein ganz besonderes Buch in deinen Händen. Wenn du möchtest, dann kann es dein Leben ein Stück verändern. Es kann deine Schulnoten verbessern, dir jede Menge Spaß bereiten und dazu noch eine große Portion Selbstbewusstsein schenken! Um das zu erreichen, musst du es natürlich lesen und die eine oder andere Übung selbst ausprobieren. Nur so wirst du erkennen, dass die Techniken auch bei dir funktionieren und teilweise wirklich einfach sind.

Das Buch ist in 20 Kapitel aufgeteilt, wovon jedes ein ganz bestimmtes Thema behandelt. Das Spannende ist, dass du spontan entscheiden kannst, welche Stellen du zuerst lesen möchtest. Schau dir einfach das Inhaltsverzeichnis an und beginne mit den Kapiteln, die dich am meisten interessieren.

Alle Kapitel sind miteinander verknüpft. Begegnet dir am Seitenrand der Wegweiser, dann kannst du überlegen, ob du an einer anderen Stelle weiterlesen möchtest. Für jedes Kapitel ist außerdem der Schwierigkeitsgrad angegeben. Ein Stern (*) bedeutet, dass es sich um ein leichtes Kapitel handelt. Bei zwei Sternen (**) wird es schon ein wenig komplizierter, und für Kapitel mit drei Sternen (***) muss man schon etwas mehr Grips einsetzen.

Zwischendurch meldet sich immer mal wieder dein Gehirn mit hilfreichen Tipps, die du an dieser Zeichnung sofort erkennst.

Als besondere Herausforderung findest du im letzten Kapitel ein Quiz mit 18 Fragen, deren Beantwortung dich zu einem Lösungswort führt. Je mehr Kapitel du gelesen hast, umso schneller kommst du darauf. Das Lösungswort ist eine geheime Internetadresse, auf der dich dann noch mehr spannende Tipps zum Thema Gedächtnistraining erwarten.

Nun fragst du dich vielleicht, warum ich überhaupt auf die Idee gekommen bin, dieses Buch zu schreiben? Ich habe viele Jahre lang mein Gedächtnis gründlich trainiert und regelmäßig an verschiedenen Gedächtnissport-Meisterschaften teilgenommen. Die Techniken konnte ich so an mir selbst ganz genau ausprobieren. Ich landete bei den Deutschen Meisterschaften mehrere Male auf dem Treppchen und konnte auch den einen oder anderen deutschen Rekord für mich ergattern. Sogar einen Weltrekord kann ich vorweisen! Insgesamt habe ich wirklich tolle und spannende Zeiten erleben dürfen und hoffe nun, dass ich dich durch dieses Buch mit meiner Begeisterung anstecken kann.

Seit einigen Jahren bin ich auch stärker in die Rolle eines Trainers geschlüpft und treffe mich regelmäßig mit verschiedenen Schülergruppen einer Internatsschule zum Gedächtnistraining. Die meisten Meisterschaftstechniken sind nämlich auch für den Einsatz in der Schule sehr geeignet. Das Thema Lernen ist hier natürlich immer auf der Tagesordnung (und bestimmt nicht immer spannend). Wenn man aber plötzlich witzige und fantasiereiche Merkgeschichten benutzt, kann Lernen tatsächlich richtig Spaß machen!

Schon viele Mädchen und Jungen in deinem Alter haben so von mir gelernt, wie man sich z. B. Gedichte, Vokabeln oder Geschichtsdaten leichter merken kann. Auch für mich gab es dabei immer wieder spannende Momente, denn das Gedächtnis von jungen Menschen arbeitet in einigen Bereichen anders und manchmal auch deutlich besser als das von Erwachsenen. Mein Buch konnte also nur entstehen, weil sich viele Mädchen und Jungen mit Spaß dem Gedächtnistraining gewidmet haben und ich gemeinsam mit ihnen die besten Methoden für junge Menschen ausprobieren konnte.

Außerdem durfte ich gerade in den letzten drei Jahren intensiv mit einer anderen Schülerin zusammenarbeiten und trainieren. Dorothea hat es zweimal hintereinander geschafft, sowohl die Deutsche Juniorenmeisterschaft als auch die Junioren-Weltmeisterschaft im Gedächtnissport zu gewinnen. Sie hat hier eine tolle Erfolgsgeschichte fortgesetzt, denn unsere Schule konnte nun insgesamt schon fünfmal den WM-Titel nach Hause holen! Natürlich funktionierte das nur mit intensivem Training. (Doro, du hast meinen größten Respekt!)

Verschiedene Male haben einige Schüler gemeinsam mit mir auch total verrückte Sachen ausprobiert. Wir wollten beweisen, dass man sich mit den Gedächtnistechniken riesige Datenmengen einprägen kann. Einmal ging es um die Lage von 500 deutschen Städten auf der Landkarte – ein anderes Mal um 1000 Bildausschnitte der hundert berühmtesten Gemälde der Welt. Hiermit sind wir dann im Fernsehen aufgetreten. Vielleicht hast du uns sogar schon einmal bei »Wetten, dass …?« oder »Stern-TV« gesehen?

Die wichtigste Nachricht für dich ist aber, dass die Techniken wirklich bei jedem Schüler und jeder Schülerin funktionieren und man sich damit deutlich mehr merken kann.

Ich hoffe, dass du nun neugierig geworden bist, und wünsche dir beim Lesen viel, viel Spaß. Du hast in deinem Kopf einen Super-Computer, und ich bin sehr gespannt, welche tollen Gedächtnisleistungen du mit den Techniken erreichen kannst!

Die vielen tollen Bilder in diesem Buch stammen übrigens auch von einer Schülerin. Sie hat mit viel Hingabe und genialen Ideen die passenden Grafiken zu meinem Text entworfen. Julia, ich danke dir – ohne dich wäre das Buch nur halb so schön geworden!

Mit »unvergesslichen« Grüßen

Dein Steffen Bütow

1. Wie kommt man mit einem guten Gedächtnis ins Fernsehen? (Schwierigkeitsgrad **)

Ein aufregender Auftritt bei »Wetten, dass …?«

Es war Samstagabend. Ganz Deutschland saß vor den Fernsehern und schaute »Wetten, dass …?«. Ganz Deutschland? Nein, denn zwei mutige Kinder wollten es der Nation zeigen und standen neben dem Moderator Thomas Gottschalk auf der Bühne. Er mischte gerade über 500 Plastikkugeln durcheinander und fischte von ganz unten eine davon heraus. Die Spannung stieg, als er die Kugel öffnete und einen Zettel daraus hervorholte. Laut las er den Namen einer deutschen Stadt vor: »Herford!«. Oben im Saal jubelte eine kleine Gruppe von Zuschauern, die zufällig gerade aus dieser Stadt angereist war. Hinter Thomas Gottschalk stand eine riesige, leere Landkarte. Es waren nur die Grenzen zu den umgebenden Ländern schwarz eingezeichnet. Man konnte aber erkennen, dass es sich um Deutschland handelte.

Niklas und Lara-Marie, die beiden Kinder im Alter von 10 bzw. 11 Jahren standen ebenfalls vor der Karte, sahen sich verschmitzt an und flüsterten leise

einen eigenartigen Satz:»Im Ford trainiert auf dem Tandem ein Athlet«. Das Publikum konnte den Satz zwar hören, aber den Sinn nicht wirklich verstehen. Niklas griff nach einem Maßband und stellte eine Entfernung darauf ein. Anschließend kniete er sich vor die leere Landkarte und drückte ein Ende des Maßbandes fest in die linke untere Ecke der Karte. Am anderen Ende des Maßbandes war ein Stift befestigt. Lara-Marie zog damit einen Halbkreis über die Kartenmitte. Die gleiche Prozedur führte sie ein zweites Mal durch, nachdem eine neue Entfernung eingestellt worden war. Niklas hielt das Maßband nun rechts unten an der Karte fest. Als Lara-Marie auch hier einen Zirkelschlag abtrug, erkannte man, dass sich beide eingezeichneten Halbkreise an einer ganz bestimmten Stelle trafen. Sollte hier tatsächlich die gesuchte Stadt liegen?

Thomas Gottschalk zog hinter der weißen Umrisskarte mit dem aufgemalten Kreuz eine zweite, komplette Landkarte mit Hunderten von Städten hervor. Nun konnte man sehen, dass die Umrisskarte durchsichtig war. Langsam tauchte dahinter die zweite Landkarte auf, und man sah deutlich die Lage des eingezeichneten Schnittpunkts im Gewirr der vielen Städte. Ob die beiden Kinder tatsächlich den richtigen Punkt getroffen hatten?

Langsam brandete Jubel im Publikum auf. Die Kamera zoomte groß auf die Stelle, und auch die 14 Millionen Zuschauer konnten live miterleben, wie das Kreuz direkt durch Herford verlief. Die beiden Schüler hatten damit schon die vierte Stadt exakt getroffen, und auf dem Bildschirm tanzten die Wetten-dass-Buchstaben wie bei jeder gewonnenen Wette. Lara-Marie und Niklas hatten ihr Ziel erreicht und waren überglücklich!

Was so einfach aussah, war das Ergebnis einer langen Trainingsphase, die fast ein Jahr gedauert hatte. Alles begann mit einer Autobahnfahrt ohne Navigationssystem: Ich war beruflich unterwegs gewesen und wollte per Auto zum Flughafen Stuttgart fahren. Die Wegweiser kündigten ein Autobahnkreuz an, auf dem viele mir vom Hören bekannte Städte lagen. Stuttgart war aber nicht darauf zu sehen. Auf jeden Fall musste ich mich entscheiden, welcher Autobahn ich folgen wollte. In diesem Moment schoss mir ein Gedanke durch den Kopf: Wäre es nicht toll, wenn man die Lage der wichtigsten deutschen Städte auswendig kennen würde? Aus irgendeinem Grund dachte ich dabei auch an die Sendung »Wetten, dass ...?«. Eine Wettidee war geboren! Da ich in einem Internat für begabte Mädchen und Jungen arbeite, die Schule mögen und gern lernen, suchte ich mir nach meiner Rückkehr gleich einige Schüler zusammen. Ich eröffnete ihnen, dass wir mit dieser Wettidee zu Europas größter Samstagabendshow fahren werden. Vermutlich haben mich in diesem Moment alle für etwas verrückt gehalten. Dennoch haben wir uns anschließend regelmäßig einmal in der Woche getroffen und viele fantasiereiche Geschichten gelernt, unter anderem auch die Geschichte mit dem Tandem und dem Athleten.

Wir dachten uns diese Geschichten aber nicht einfach aus, sondern sie ergaben sich aus der Lage der Städte. Es kam hierbei immer auf die Entfernungen zu den beiden unteren Ecken der Grenze Deutschlands an. Genau von diesen beiden Stellen aus wurden die Entfernungen zur gesuchten Stadt ermittelt, so dass wir für jede Stadt nun zwei Zahlen hatten, die wir auswendig lernen konn-

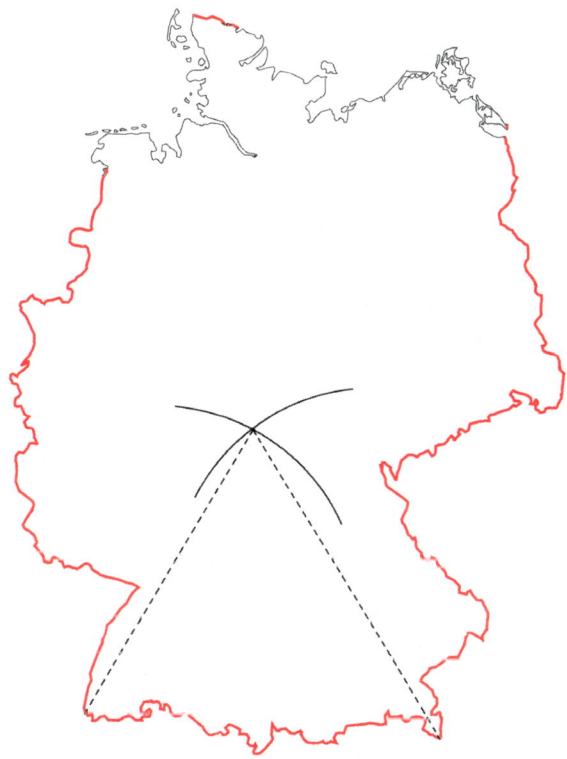

Der Umriss von Deutschland

ten. Die nördlichste Stadt war Flensburg – hier betrugen beide Entfernungen jeweils über 2 Meter! Lara-Marie und Niklas hätten in dieser Höhe überhaupt keine Zirkelschläge einzeichnen können, wenn Thomas Gottschalk zufällig gerade diese oder eine der anderen norddeutschen Städte gezogen hätte. Hinter der Bühne stand daher eine kleine ZDF-Trittleiter bereit.

Die kürzeste Entfernung betrug bei der Stadt »Weil am Rhein« dagegen gerade einmal 2 cm zum linken Grenzpunkt. Natürlich war damit aber der Abstand zum rechten Grenzpunkt länger.

Zu jeder Stadt gehörten also zwei Zahlen, die wir uns aber dreistellig merken mussten – aus 2 cm wurde z. B. die Zahl 002. Für unser Training tauschten wir jede einzelne Ziffer gegen einen Buchstaben aus:

Ziffer	0	1	2	3	4	5	6	7	8	9
Buchstabe	D	T	N	M	K	S	G	L	B	P

Die Grundlagen des Twin-Systems

Die Zuordnung der Zahlen zu den Buchstaben ist hierbei sehr leicht zu merken. Das D sieht beinahe aus wie eine Null – fast rund und ohne weitere Schwünge. Schau dir zum Beispiel einmal die Zahl 3 an, wenn du deinen Kopf stark nach rechts neigst: Sie sieht wie ein M aus! Auf die gleiche Art und Weise wird aus der 2 ein N. Die Zahl 5 ähnelt sehr einem S – ganz ohne den Kopf neigen zu müssen. Selbst bei der 4 erkennt man ein K, wenn man den Kopf ganz leicht nach rechts kippt. Für jede Ziffer gibt es also einen Ersatzbuchstaben, es kommen aber nicht alle Buchstaben des Alphabets vor. Die fehlenden Buchstaben sind für unser System nicht von Bedeutung.

Für die Zahl 002 stehen also die Buchstaben DDN. Aus den drei gefundenen Buchstaben einer jeden Entfernung bildeten wir anschließend nach festen Regeln einen Merkbegriff. Hierbei fügten wir z. B. Vokale (A, E, I, O oder U) ein. In unserem Beispiel wurde dann aus DDN (002) ganz einfach das Wort »Duden«.

Für unsere Hauptstadt Berlin waren die Entfernungen 172 cm und 141 cm zu lernen. Nach unserem System ergaben sich hieraus die Wörter »Talent« für 172 und »Takt« für 141.

Wer von euch nun ganz genau aufgepasst hat, der wird bemerkt haben, dass das Wort »Talent« eigentlich für die Zahl 1721 stehen könnte, weil ganz am Ende noch der Buchstabe T erscheint. Wir schneiden aber nach dem dritten Ersatzbuchstaben alles Weitere ab, da die vierte Stelle von uns nie benötigt wird. Für den Moment sollen die bisherigen Erklärungen zu unserem System für Zahlen erst einmal ausreichen. Wenn du mehr darüber erfahren möchtest, um dir vielleicht Jahreszahlen oder Geburtstage besser einprägen zu können, dann blättere gleich weiter zu Kapitel 6.

Der Sinn des Benutzens von Ersatzwörtern liegt darin, dass unser Gehirn sich beispielsweise einen Duden sofort bildlich vorstellen kann. Wir können uns den Begriff deshalb viel, viel leichter merken als trockene Zahlen. Normale Zahlen, wie etwa die vorhin für Berlin genannte Entfernung von 141 cm haben eigentlich keine Bedeutung für uns (außer du hast gerade am 14.1. Geburtstag). Wir können uns aber sehr gut vorstellen, wie wir im Takt zur Musik mit dem Fuß auf den Boden tippen oder wie die Uhr gleichmäßig im Takt tickt!

Jede der über 500 Geschichten begann aber nicht sofort mit den Ersatzwörtern für die Entfernungen, sondern wir bauten am Anfang noch einen Begriff für die Stadt ein. Unter Herford kann man sich schlecht etwas bildlich vorstellen, wenn man noch nie dort gewesen ist. Im Namen Herford steckt aber auch der Autoname »Ford«. Diese Automarke kennt fast jeder, so dass wir an dieser Stelle mit der Geschichte einen sicheren Beginn hatten. Wir mussten uns also nur an den Begriff Ford erinnern, wenn wir den Stadtnamen Herford genannt bekamen.

Wir wollen hier im Folgenden drei weitere Geschichten lernen. Diese kennzeichnen die Lage der drei Städte Forchheim, Hamburg und Münster.

Zuerst suchen wir uns einen Begriff, der vom Klang her an Forchheim erinnert: die Furche. Hier beginnen wir unsere Fantasiegeschichte: *Die Furche auf dem Acker ist sehr tief. Wir legen einen riesigen Dübel hinein und decken diesen anschließend mit mehreren Dielen aus Holz zu.*

Wichtig sind hierbei die Wörter »DüBeL« (steht für 087 cm) und »DieLeN« (bedeutet 072 cm). Es hilft unserer Erinnerung, wenn wir uns das fertige Bild mit der Furche, dem Dübel und den Dielen mit möglichst vielen Einzelheiten vorstellen.

Für die Stadt Münster lautet unsere Geschichte: *Die Münze dreht sich ganz wild zur Tanzmusik – aber mit einem Teesieb können wir sie einfangen.* Die Entfernungen hierzu lauten: TaNzMusik = 123 cm und TeeSieB = 158 cm. Wie du siehst, haben wir beim Wort Tanzmusik den Buchstaben »z« zwischengeschoben, weil dieser in unserem System keine Bedeutung hat.

Beim letzten Satz kannst du selbst etwas knobeln und die Entfernungen ermitteln: *Den leckeren Hamburger wollen wir teilen und legen ihn auf einen Teller.*

Sicherlich ist dir sofort klar, welche Stadt mit dem Wort Hamburger gemeint ist?

Richtig spannend wurde es für uns bei unserem Wetten-dass-Auftritt noch am allerletzten Tag bzw. sprichwörtlich in der allerletzten Stunde. Wir hatten uns bereits die letzten drei Tage vor der Show am Veranstaltungsort aufgehalten. Die verschiedenen Proben liefen gut, und der gesamte Showablauf war klar. Die Techniker von »Wetten, dass …?« hatten uns eine wirklich großartige Landkarte gebaut. Der Schiebemechanismus begeisterte Lara-Marie und Niklas, und auch die Genauigkeit der Karte war auf den ersten und auch noch auf den zweiten Blick mehr als in Ordnung. Wir hatten natürlich die Karte etliche Male daraufhin getestet, ob die jeweilige Stadt wirklich genau dort lag, wo wir unser Kreuz gesetzt hatten. Wäre beim Ausdruck der Landkarte der Maßstab auch nur geringfügig zu groß oder zu klein geraten, hätte unser System nicht funktioniert. Am Nachmittag vor der Live-Sendung waren wir natürlich alle gemeinsam sehr aufgeregt. Ich war aus irgendeinem Grund unruhig und hatte den ganzen Tag das Gefühl, irgendetwas Wichtiges übersehen zu haben. Genau eine Stunde vor der Show fiel es mir ein: Wir hatten die Landkarte mit zufällig gewählten Städten getestet, es war aber keine Stadt dabei gewesen, die ganz im Süden Deutschlands lag. Sofort ging ich mit einem Maßband bewaffnet zur Karte und stellte voller Schrecken fest, dass sich ganz im Süden der Karte die Kartenverhältnisse doch etwas verschoben hatten. Bei der Stadt Konstanz, die am südlichen Ende Deutschlands am Bodensee lag, trafen sich die beiden Zirkelschläge nicht, sondern verfehlten sich um ungefähr einen Zentimeter. Offensichtlich hatten uns hier Rundungsdifferenzen einen

Streich gespielt, da wir die Entfernungsangaben immer auf volle Zentimeter ab- oder aufrundeten. Sofort setzte ich mich mit Lara-Marie und Niklas zusammen und erklärte ihnen, dass in diesem Spezialfall einfach nur die Abstandsmitte beider Zirkelschläge genommen werden musste.

Es kam, wie es kommen musste. Von über 500 Städten wurde von Thomas Gottschalk als allererste Stadt genau Konstanz am Bodensee gezogen. Die Wahrscheinlichkeit lag bei weniger als einem Prozent! Lara-Marie und Niklas zeichneten beide Zirkelschläge ein. Zum Glück waren sie aber nun auf diese Situation vorbereitet und wussten, was zu tun war, als sich tatsächlich beide Kreise nicht trafen. Ich möchte mir gar nicht vorstellen, was geschehen wäre, wenn wir nicht im allerletzten Moment noch dieses Problem bemerkt hätten. Im monatelangen Training haben sich die beiden Kreise immer getroffen, und gleich bei der ersten Stadt in der Live-Show funktioniert es nicht. Vielleicht hätten Lara-Marie und Niklas einen kühlen Kopf bewahrt und die anderen Städte trotzdem richtig eingezeichnet – vielleicht wären sie aber auch so durcheinandergekommen, dass sie die ganze Wette nicht mehr hätten gewinnen können. Zum Glück aber klappte alles super.

Wenn du nun Lust bekommen hast, dir ebenfalls eine Gedächtniswette auszudenken, dann möchte ich dir noch einige Tipps mit auf den Weg geben.

Berichte deinen Eltern oder Verwandten und deinen besten Freunden von deiner Wettidee. Sie sollen dir ganz offen und ehrlich sagen, ob die Idee wirklich gut ist oder ob sie einen »nicht vom Hocker reißt«. Es wäre doch wirklich schade, wenn du dich wochen- oder monatelang vorbereitest und anschließend vom Wetten-dass-Team nicht genommen wirst.

Manchmal ergeben sich aus der Diskussion auch noch einige neue Gedanken, die deine Idee weiter verbessern.

Wenn du dein Ziel klar vor Augen hast, dann halte durch und lass dich auch von Rückschlägen nicht entmutigen. Wenn die Datenmenge zu groß scheint und dein Mut zu sinken droht, dann arbeite mit Lernkarteikarten und teile dir den Lernstoff in kleinere Einzelmengen ein. Im zweiten Teil von Kapitel 11 findest du eine Beschreibung des Lernkartelsystems.

Du solltest wirklich Zeit und Mühe in deine Bewerbung beim ZDF investieren. Vielleicht drehst du sogar einen kleinen Bewerbungsfilm, in dem deine Idee und dein Können zu sehen sind. Auch hier werden dir deine Familie oder deine Freunde bestimmt helfen. Du solltest die Bewerbung zu einem Zeitpunkt abgeben, an dem deine Idee schon ausgereift ist und du einen Teil bereits beherrschst. Leider ist es nämlich so, dass du relativ lange auf eine Rückmeldung vom ZDF warten musst. Bei unserer Landkartenwette lagen zwischen der Bewerbung und der Zusage des Fernsehsenders sieben lange Monate.

Du hast nach der Bewerbungsabgabe also genügend Zeit, dich weiter vorzubereiten, bis du alles perfekt draufhast. Sollte es trotz aller Mühen am Ende eine Ablehnung vom ZDF geben, dann sei nicht traurig. Schließlich schaffen es nur die wenigsten Ideen bis zur Ausstrahlung.

Die 100 berühmtesten Gemälde der Welt

Eines kannst du mir aber auf jeden Fall glauben: Wenn man es tatsächlich einmal zu »Wetten, dass …?« geschafft hat, möchte man es unbedingt noch einmal probieren. Lara-Marie und Niklas ging es ebenso, und sogar ich hatte – obwohl ich nur der Trainer gewesen war – schon in den nächsten Wochen nach dem Auftritt jede Menge neuer Ideen in meinem Kopf. Eine davon stieß bei vielen meiner Mitmenschen auf besondere Zustimmung, so dass ich es erneut wagen wollte. Ich fand auch schnell wieder einige Schüler, die das Risiko eingingen, sich mit mir zusammen monatelang vorzubereiten. Schließlich gab es auch dieses Mal keine Sicherheit dafür, dass wir es bis in die Sendung schaffen würden. In unserem neuen Bewerbungsvideo formulierten wir folgende verrückte Wette: Wir wetteten, dass wir die berühmtesten 100 Gemälde der Welt erkennen können, wenn wir lediglich einen kleinen Bildausschnitt zu sehen bekom-

Mona Lisa

men. Anschließend können wir nicht nur den Gemäldenamen, sondern zusätzlich noch den vollständigen Künstlernamen und das Entstehungsjahr benennen. Und wieder begannen Monate des Wartens und Trainierens. Es handelte sich dieses Mal zwar nur um 100 Geschichten, allerdings bestand die besondere Schwierigkeit darin, dass die Bildausschnitte manchmal einfach nur dunkel waren. Jedes Gemälde hatten wir in 10 Bildausschnitte aufgeteilt. In unseren Lernkarteikästen warteten also 1000 verschiedene Bildausschnitte darauf, in unseren Gehirnen gespeichert zu werden. Manche davon waren leicht zu erkennen, bei anderen schien es fast unmöglich. Wenn du dir das Bild »Mona Lisa« einmal genau anschaust, dann siehst du in der rechten unteren Ecke nur eine dunkle Fläche. Leider gibt es viele berühmte Bilder mit solchen schwarzen Ausschnitten. Meiner Lerngruppe gelang es dennoch nach einigen Monaten, sämtliche Bildausschnitte zuordnen zu können und die Geschichten zu lernen. Sogar bei den schwarzen Ausschnitten konnten sie am Ende die unterschiedlichen Schattierungen und geringen Farbunterschiede erkennen.

Wieder waren die Geschichten sehr fantasiereich und enthielten alle notwendigen Informationen. Auch kam unser bekanntes Zahlensystem erneut zur Anwendung, da wir die Jahreszahlen ebenfalls auswendig lernen wollten. Hier als Beispiele die Geschichten für zwei der bekanntesten Gemälde der Welt: *Wir hören einen lauten Schrei, weil sich der kleine Muck in der Baupumpe eingeklemmt hat.* Dieser Merksatz steht für das Bild »Der Schrei« von Edvard Munch (gesprochen: *Munk*), das 1893 entstand. Das Wort »Baupumpe« steht hierbei eigentlich für die Zahl 893 – da wir aber nur Bilder hatten, die nach dem Jahr 1000 gemalt worden waren, brauchten wir die 1 vorn in der Jahreszahl nicht zu lernen. Wir haben sie einfach immer in Gedanken davorgesetzt. Vielleicht kennst du sogar das Gemälde »Der Schrei«? Es zeigt einen schreienden Menschen auf einer Brücke und ist sehr bekannt. Vor einigen Jahren wurde ausführlich in den Nachrichten darüber berichtet, weil bewaffnete Diebe es am helllichten Tag aus einem norwegischen Museum geraubt hatten.

Ein weiteres, sehr berühmtes Bild ist das Gemälde »Seerosen« von Claude Monet (1906). Unser Merksatz hierzu lautete: *Die Seerosen werden von einem Pädagogen eingesammelt, der sie für viel Money (Geld) verkauft.* Aus »Money« wird schnell der Künstlername Monet, und »Pädagoge« steht für das Jahr 1906. Obwohl wir überzeugt davon waren, dass die Wettidee wirklich genial war, hatten wir dieses Mal beim ZDF leider kein Glück. Allerdings lag es wohl nicht an uns, sondern lediglich daran, dass es kurz zuvor eine Wette mit ähnlichem Aufbau gegeben hatte. Ein Mädchen hatte gewettet, dass sie die Spieler der Fußball-Bundesliga allein an einem Bildausschnitt mit den Spieleraugen erkennt. Die beiden Wetten hatten leider zu viel Ähnlichkeit. Aber auch in dieser Situation haben wir nicht den Kopf hängen lassen. Wir leiteten unsere Bewerbung zur Sendung »Stern-TV« weiter. Schließlich konnte sich unsere Leistung sehen lassen. Wenige Wochen später saßen wir live im »Stern-TV«-Studio, und die Schüler konnten stolz und mit viel Geschick ihr Können präsentieren. Es war ein voller Erfolg mit aufregenden Momenten, einem sehr netten Moderator Günther Jauch und einem interessanten Filmbeitrag, den die Redaktion im Vorfeld bei uns im Internat gedreht hatte.

Trotzdem habe ich das Ziel »Wetten, dass …« nicht aus den Augen verloren. Mein Kopf ist weiter voller Ideen, und eine davon ist richtig klasse – vermutlich noch besser als die Landkartenwette. Vielleicht begegnen wir uns also demnächst bei »Wetten, dass …?«!?

Zusammenfassung:

- Wenn dich ein Fernsehauftritt reizt, dann diskutiere vorher deine Ideen mit Freunden oder in der Familie.
- Gib nicht zu schnell auf, sondern bleib hartnäckig und verfolge deine Ziele.
- Vergiss aber nicht, dass Fernsehshows vor allem der Unterhaltung dienen und zu viel Sitzen vor der »Glotze« dein Gehirn »verwelken« lässt.

2. Hast du ein gutes Gedächtnis? (Schwierigkeitsgrad *)

Hast du dich schon einmal gefragt, ob du dir bestimmte Dinge besser merken kannst als deine Freunde? Oder glaubst du vielleicht eher, dass du viel vergesslicher als alle anderen bist? Ein direkter Vergleich fällt schwer, du kannst schließlich nicht in die Köpfe deiner Mitschüler schauen. Genauso wenig kannst du wissen, ob dein Gegenüber vielleicht jede Menge zusätzliche Zeit gebraucht hat, um nur ein paar Vokabeln mehr zu lernen als du. Ein gutes Gedächtnis zu haben bedeutet nämlich, sich Infos nicht nur besser, sondern auch schneller merken zu können.

Bewerte dein Gedächtnis selbst

Damit du die Leistung deines Gedächtnisses genauer einschätzen kannst, findest du in diesem Kapitel einen speziellen Gedächtnistest. Er besteht aus vier unterschiedlichen Aufgaben. Insgesamt müsstest du ungefähr 45 Minuten dafür einplanen. Such dir hierfür einen ruhigen Raum, in dem du ungestört bist. Natürlich kannst du die Übungen auch auf zwei Tage verteilen.

Zuerst solltest du dir für die folgenden zehn Sätze etwas Zeit nehmen. Du schätzt dabei dein Gedächtnis erst einmal selbst ein. Bitte verteile für jeden Satz zwischen 0 und 3 Punkte. Wenn du 0 Punkte vergibst, dann trifft der Satz für dich überhaupt nicht zu. Wenn die Aussage ein wenig auf dich zutrifft, dann vergib 1 Punkt, wenn es eher mehr passt, dann 2 Punkte. 3 Punkte erhalten die Sätze, die ziemlich ins Schwarze treffen. Du musst dich also immer für eine Richtung entscheiden.

1. Ich vergesse oft Verabredungen mit meinen Freunden oder komme zu spät. ☐

2. Ich kann mich kaum an meine Geschenke vom letzten Weihnachtsfest erinnern (falls Weihnachten gerade vorbei ist, dann nimm den letzten Geburtstag). ☐

3. Ich verpasse aus Vergesslichkeit oft meine Lieblingsserie oder einen spannenden Film im Fernsehen. ☐

4. An den letzten Urlaub kann ich mich kaum erinnern. ☐

5. Ich denke oft nicht an die Geburtstage meiner Freunde, obwohl wir am Tag vorher noch darüber gesprochen haben. ☐

6. Ich vergesse häufig, meine Hausaufgaben für die Schule zu erledigen. ☐

7. Ich vergesse oft mein Zimmer aufzuräumen, wenn mich meine Eltern darum gebeten haben. ☐

8. Ich vergesse öfter Materialien für die Schule (Atlas, Sportsachen usw.). ☐

9. Wenn ich mir von meinen Freunden etwas ausgeborgt habe, dauert es manchmal ziemlich lange, bis ich es wieder zurückgebe. ☐

10. Wenn ich meine Eltern anrufen möchte, dann kenne ich kaum eine der wichtigen Telefonnummern (Zuhause, Job, Handy). ☐

Die Summe der Punkte zeigt dir nun, wie du dich persönlich einschätzt. Bitte rechne die verteilten Punkte für folgende Teile zusammen:

Teil 1: Summe von Satz Nr. 1 bis Nr. 5: ☐

Teil 2: Summe von Satz Nr. 6 bis Nr. 10: ☐

Zeichne nun in der nachstehenden Grafik dein persönliches Gedächtniskreuz ein. Zuerst suchst du auf der waagrechten Linie die Punktzahl vom Teil 1. Anschließend prüfst du, wie hoch oder wie tief der Punkt über dieser Linie liegen muss, damit auf der senkrechten Linie die Summe von Teil 2 erreicht wird.

Damit du beim Einzeichnen keinen Fehler machst, habe ich ein Beispielkreuz eingezeichnet. Es liegt bei 3 Punkten für Teil 1 und 9 Punkten für Teil 2.

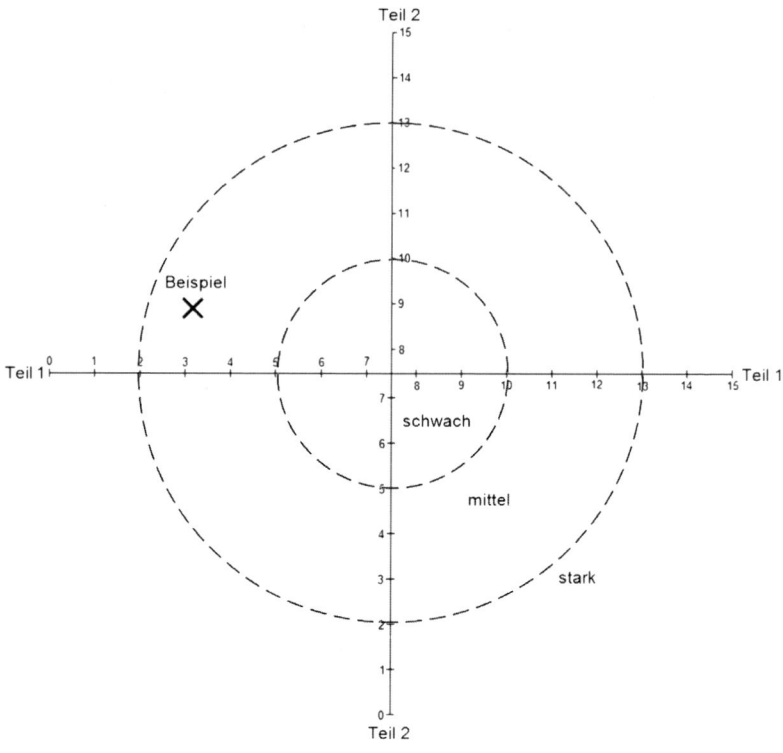

Die Fragen wurden so gewählt, dass die Sätze Nr. 1 bis Nr. 5 Themen betreffen, die dich eher interessieren, während die Dinge in den Sätzen Nr. 6 bis 10 zwar auch wichtig sind, aber der Spaß hierbei oft auf der Strecke bleibt. Natürlich ist jedes Gedächtnis einzigartig, aber du wirst dich bestimmt in einem der vier Bereiche wiedererkennen:

Dein Kreuz liegt im Feld links unten?

Herzlichen Glückwunsch, du bist von deinem Gedächtnis wirklich überzeugt. Auch Arbeiten, die weniger Spaß machen, nimmst du ernst und versuchst sie zuverlässig zu erledigen. Hoffentlich ist dein Gedächtnis wirklich so gut, wie du glaubst. Du kannst das auf den nächsten Seiten herausfinden. Aber selbst ein gutes Gedächtnis kannst du mit den richtigen Techniken noch weiter verbessern.

Dein Kreuz liegt im Feld rechts unten?

Wenn sich dein Kreuz in diesem Feld befindet, dann ist dir bei der Punktevergabe oder beim Einzeichnen des Kreuzes vermutlich ein Fehler unterlaufen. Dieser Bereich bedeutet nämlich, dass Dinge, die dich interessieren, häufig von dir vergessen werden. Dagegen hast du bei Pflichten eher ein superverlässliches Elefantengedächtnis. Diesen Gedächtnistyp gibt es eigentlich gar nicht, oder aber dein Kreuz liegt im Bereich »schwach« mit einer sehr geringen Ausprägung.

Dein Kreuz liegt im Feld links oben?

Du warst bei der Beantwortung der Fragen sehr ehrlich. Das Ergebnis sagt aus, dass du eigentlich an dein gutes Gedächtnis glaubst. Allerdings vergisst du schon mal die eine oder andere Aufgabe für Schule oder Zuhause, wenn sie dich nicht wirklich interessiert. Du lässt dich also relativ stark von deinen Interessen steuern. Das ist aber nicht schlimm und kann von dir geändert werden. Du wirst im Buch hierfür viele Anregungen finden und bei dem folgenden Gedächtnistest bestimmt nicht schlecht abschneiden.

Dein Kreuz liegt im Feld rechts oben?

Du glaubst, dass dein Gedächtnis relativ schlecht ist. Selbst interessante Dinge werden von dir immer wieder vergessen. Du solltest dich fragen, ob das wirklich stimmt. Falls ja, dann kann es auch daran liegen, dass du häufig unkonzentriert und mit den Gedanken ganz woanders bist. Gib dir bei den Testaufgaben auf den nächsten Seiten richtig viel Mühe – vielleicht kannst du dich selbst vom Gegenteil überzeugen und hinterher stolz auf dein Gedächtnis sein!

Ach ja: Je weiter sich dein Kreuz von der Mitte der Grafik entfernt befindet, umso überzeugter bist du von deiner eigenen Gedächtnissituation. Hierzu findest du in der Grafik die eingezeichneten Kreise »schwach«, »mittel« und »stark«.

Vier (manchmal) knifflige Gedächtnistests – und die Auswertung

In den folgenden vier Testaufgaben kannst du nun überprüfen, ob du dich richtig eingeschätzt hast! Die Einprägezeit für die einzelnen Aufgaben ist gleich. Wie lang sie für dich ist, hängt von deinem Alter ab:

- bis 12 Jahre: 3,0 Minuten Einprägedauer
- 13 bis 15 Jahre: 2,5 Minuten Einprägedauer
- ab 16 Jahre: 2,0 Minuten Einprägedauer

Für die Wiedergabe stehen dir maximal 5 Minuten zur Verfügung. Diese ist auch unabhängig vom Alter. Du benötigst also für die Aufgaben eine Stoppuhr. Vielleicht hast du sogar eine, auf der du die genaue Dauer einstellen kannst und die ein Signal gibt, wenn die Zeit herum ist. Auch viele Handys beherrschen inzwischen diese Countdown-Funktion. Ich wünsche dir viel Erfolg!

Test 1: Hier geht es um das Auswendiglernen von Sätzen. Dir werden zehn verschiedene Sätze gezeigt. Lern sie bitte so auswendig, dass du den vollständigen Satz aufschreiben kannst, wenn dir das erste Wort gezeigt wird. Falls der Satz lautet:»Tische bestehen meistens aus Holz«, dann würde dir hinterher nur das Wort »Tische …« gezeigt werden, und an den Rest müsstest du dich erinnern. Die Reihenfolge der Sätze wird nicht verändert.

Test 1 – Zeit zum Einprägen: hängt von deinem Alter ab!
Und los geht's!
Satz   1: Füchse liegen gern mittags in der Sonne.
Satz   2: Ich lese am liebsten ein Abenteuerbuch.
Satz   3: Dummerweise fiel der Stein genau in die Scheibe.
Satz   4: Beim Bäcker duftet es morgens lecker.
Satz   5: Aufstehen ist schön, wenn man ausgeschlafen hat.
Satz   6: Hausaufgaben werden regelmäßig kontrolliert.
Satz   7: Je länger die Uhr läuft, desto mehr Zeit vergeht.
Satz   8: Taubstumme Tauben tauchen tausendmal taumelnd.
Satz   9: Gedächtnistraining mache ich ab heute stundenlang.
Satz 10: Wenn es regnet, dann wäre ein Regenschirm gut.

Nun startet die Wiedergabe. Hierfür hast du maximal 5 Minuten Zeit. Wenn bei einigen Worten die Rechtschreibung etwas auf der Strecke bleibt, ist das nicht weiter schlimm. Auch vergessene Kommas bringen keinen Punktabzug.

Und: Für zuverlässige Ergebnisse solltest du ehrlich bleiben! Wer schummelt, der betrügt nur sich selbst.

Test 1 – Wiedergabe (max. 5 Minuten)

 Punkte

Satz 1: Füchse … _____ ___

Satz 2: Ich … _____ ___

Satz 3: Dummerweise … _____ ___

Satz 4: Beim … _____ ___

Satz 5: Aufstehen … _____ ___

Satz 6: Hausaufgaben … _____ ___

Satz 7: Je … _____ ___

Satz 8: Taubstumme … _____ ___

Satz 9: Gedächtnistraining … _____ ___

Satz 10: Wenn … _____ ___

Wenn du mit der Wiedergabe fertig bist, überprüfst du die Antworten und schreibst die erreichte Punktzahl an das Zeilenende. Für jede richtige Zeile darfst du dir zwei Punkte geben. Wenn du nur ein einziges Wort falsch oder vergessen hast, bekommst du einen Punkt Abzug für diese Zeile. Bei zwei oder mehr Fehlern gibt es leider nichts mehr.

Meine Punkte in Test 1: ____ (je Zeile 2 Punkte, max. 20)

Test 2: Es werden dir 20 verschiedene Bilder gezeigt. Bitte schau sie dir genau an. Beispielsweise könnte das Bild so aussehen wie dieser Mund. Anschließend geht es darum, die behaltenen Begriffe aufzuschreiben. Wenn du statt »Mund« das Wort »Lippen« aufschreiben würdest, gäbe es ebenfalls den verdienten Punkt. Die Reihenfolge beim Aufschrei- ben oder eine falsche Rechtschreibung spielen keine Rolle und bringen keinen Punktabzug.

Test 2 – Zeit zum Einprägen: hängt wieder von deinem Alter ab!
Und los geht's!

Für die Wiedergabe nimm dir bitte wieder nur höchstens 5 Minuten Zeit. Für jedes richtige Wort gibt es einen Punkt. Minuspunkte für komplett falsche Begriffe gibt es nicht.

Test 2 – Wiedergabe (max. 5 Minuten)

1. _____ 2. _____ 3. _____
4. _____ 5. _____ 6. _____
7. _____ 8. _____ 9. _____

10. _____ 11. _____ 12. _____
13. _____ 14. _____ 15. _____
16. _____ 17. _____ 18. _____
19. _____ 20. _____

Meine Punkte in Test 2: _____ (je Wort 1 Punkt, max. 20)

Test 3: Hier siehst du 20 verschiedene Wortpaare. Bitte präge dir so viele wie möglich ein. Anschließend wird dir das erste Wort gezeigt, und du sollst dich an das zweite erinnern. Die Reihenfolge der Wortpaare ist natürlich eine andere, so dass das erste Wortpaar später auch weiter unten stehen kann. Eine Wortgruppe könnte z. B. lauten: Stiefel – Regal. Anschließend wird das Wort Stiefel gezeigt – und du erinnerst dich hoffentlich an das Regal.

Test 3 – Zeit zum Einprägen: hängt wieder von deinem Alter ab!
Und los geht's!

Frisur – Trampolin	Garage – Schnee
Käse – Bleistift	Kreuzung – Aschenbecher
Telefon – Apfelsaft	Schokolade – Kirche
Auto – Taschenrechner	Zitrone – Topf
Hose – Küken	Friedhof – Schlüssel
Flasche – Knoten	Nagel – Wurst
Kutsche – Fernseher	Faust – Mütze
Zeugnis – Saurier	Schmuck – Luft
Melodie – Fahrrad	Besen – Muskeln
Wasser – Spinat	Gedächtnis – Flugzeug

Und gleich geht es ohne Pause mit der Wiedergabe weiter: Bitte schreib nun die gelernten Wörter auf (max. 5 Minuten Zeit):

Test 3 – Wiedergabe (max. 5 Minuten)

Kreuzung – _____	Friedhof – _____
Gedächtnis – _____	Schmuck – _____
Frisur – _____	Auto – _____
Flasche – _____	Nagel – _____
Garage – _____	Telefon – _____
Käse – _____	Hose – _____
Besen – _____	Melodie – _____
Zitrone – _____	Schokolade – _____
Wasser – _____	Zeugnis – _____
Kutsche – _____	Faust – _____

Fertig? Dann kannst du jetzt selbst kontrollieren, was richtig oder falsch war. Bitte gib dir für jedes richtige Wortpaar einen Punkt. Wenn du z. B. statt Apfelsaft nur Saft geschrieben hast, dann erhältst du ebenfalls noch den Punkt.

Meine Punkte in Test 3: ____ (je Paar 1 Punkt, max. 20)

Test 4: Im letzten Test werden dir 20 Gruppen gezeigt. Jede Gruppe besteht aus vier Symbolen und du sollst dir die Reihenfolge dieser Symbole einprägen. Für die Wiedergabe bekommst du vier Varianten gezeigt, und du musst die richtige Variante unterstreichen. Zum Beispiel könnte dir die folgende Gruppe gezeigt werden: ◄ ➤ ⋏ ⋎

Anschließend bekommst du bei der Wiedergabe dieselben Symbole in vier unterschiedlichen Reihenfolgen gezeigt:

Richtig wäre natürlich die Nummer 2, die von dir unterstrichen werden soll. Bitte konzentriere dich gut, denn diese Aufgabe ist auf den ersten Blick nicht ganz leicht. Die Wiedergabe wird zwar durch die vorgegebene Auswahl etwas erleichtert, allerdings bekommst du für jede falsche Antwort einen Minuspunkt angerechnet. Wenn du dir unsicher bist, solltest du deshalb vielleicht besser nicht raten.

Test 4 – Zeit zum Einprägen: hängt wieder von deinem Alter ab!

Und los geht's!

Zeile 1: ↘ ↗ ↙ ↖   Zeile 11: ✌ 👌 👈 🖐

Zeile 2: ♣ ♦ ♥ ♠   Zeile 12:) [( ]

Zeile 3: ← → ↑ ↓   Zeile 13: i a o e

Zeile 4: ○ ● ◉ ◎   Zeile 14: ☺ ☹ ○ ☺

Zeile 5: × ☒ ☑ ✓   Zeile 15: ∩ ↺ ↻ ∪

Zeile 6: ❹ ① ❾ ⑥   Zeile 16: ✦ ◇ ✿ ✺

Zeile 7: ■ · □ ▪   Zeile 17: > ≤ < ≥

Zeile 8: ◐ ⌒ ⌣   Zeile 18: ⊗ ⊕ ⊘ ⊘

Zeile 9: ∗ + − /   Zeile 19: ↺ ↻ ↺ ○

Zeile 10: R G N T   Zeile 20: ◀ ◁ ▶ ▷

Die Wiedergabezeit beträgt wieder 5 Minuten. Bitte unterstreiche die Variante, für die du dich entscheidest (und denke an die Minuspunkte für falsche Antworten). Decke hierzu außerdem den Einprägteil oben auf dieser Seite zu.

Test 4 – Wiedergabe (max. 5 Minuten)

Zeile 1:	↙ ↗ ↙ ↖	↗ ↖ ↘ ↙	↖ ↙ ↘ ↗	↙ ↖ ↗ ↖
Zeile 2:	♦ ♠ ♥ ♣	♦ ♣ ♠ ♥	♣ ♦ ♥ ♠	♠ ♣ ♥ ♦
Zeile 3:	↑ → ← ↓	← → ↑ ↓	↓ ↑ ← →	← ↓ → ↑
Zeile 4:	○ ● ◉ ◎	● ◎ ◉ ○	◎ ○ ◉ ●	◉ ● ○ ◎
Zeile 5:	☒ ☑ × ✓	☑ × ✓ ☒	× ☒ ☑ ✓	✓ ☒ × ☑
Zeile 6:	⑥ ❾ ① ❹	❹ ⑥ ① ❾	① ⑥ ❹ ❾	❹ ① ❾ ⑥
Zeile 7:	□ ■ · ▪	■ · □ ▪	· ■ ▪ □	▪ □ ■ ·
Zeile 8:	◐ ⌣ ⌒ ◑	⌣ ◐ ⌒	◐ ⌒ ◑ ⌣	◐ ⌒ ⌣
Zeile 9:	+ ∗ / −	∗ + − /	∗ / − +	− + ∗ /
Zeile 10:	T R N G	N G T R	R G N T	G R T N

Zeile 11:	👍 ✌ 🖐 ☜	✌ 👍 ☜ 🖐	☜ ✌ 🖐 👍	🖐 ✌ ☜ 👍
Zeile 12:	) [( ]	) ( ] [	[ )] (	( )] [
Zeile 13:	o i e a	a o i e	i a o e	e i o a
Zeile 14:	○ ☹ 😐 ☺	☹ 😐 ☺ ○	😐 ☹ ○ ☺	☺ 😐 ○ ☹
Zeile 15:	↶ ↩ ↪ ⤴	↩ ↪ ↶ ⤴	↪ ↩ ⤴ ↶	⤴ ↶ ↪ ↩
Zeile 16:	☼ ✹ ✦ ✧	✧ ☼ ✦ ✹	✹ ✦ ☼ ✧	✦ ✧ ☼ ✹
Zeile 17:	> ≤ < ≥	≤ > < ≥	< > ≥ ≤	≤ < ≥ >
Zeile 18:	⊗ ⦸ ∅ ⊕	⦸ ⊗ ⊕ ∅	⊗ ⊕ ∅ ⦸	⊕ ⦸ ⊗ ∅
Zeile 19:	↻ ↺ ⟲ ○	↺ ⟲ ○ ↻	⟲ ↻ ○ ↺	○ ↺ ↻ ⟲
Zeile 20:	◁ ▶ ◀ ▷	◁ ▷ ▶ ◀	▶ ◀ ▷ ◁	◀ ◁ ▶ ▷

Bitte werte nun deine Antworten aus. Für jede richtige Gruppe erhältst du einen Punkt. Maximal könntest du also 20 Punkte erreichen. Für falsche Antworten wird wieder ein Punkt abgezogen.

Richtige Antworten: _____ (je Gruppe 1 Punkt, max. 20)
Falsche Antworten: _____ (je Gruppe 1 Punkt Abzug)

Meine Punkte in Test 4: ______

So, jetzt hast du dich tapfer durch alle vier Testaufgaben gekämpft. Ermittle nun deine Gesamtpunktzahl, indem du die Einzelergebnisse zusammenrechnest:

Test 1: ___ + Test 2: ___ + Test 3: ___ + Test 4: ___ = **Total:** ______

(Maximal hättest du 80 Punkte erreichen können.)

Weniger als 30 Punkte: Mit dieser Leistung kannst du wirklich nicht zufrieden sein. Es gibt nun zwei Dinge für dich zu tun. Lies das Buch intensiv durch, und nimm dir nach einigen Wochen das eine oder andere Kapitel auch ein zweites Mal vor. Arbeite an deiner Konzentration, denn das Gehirn kann sich schlecht Dinge merken, wenn man unkonzentriert ist.

30–44 Punkte: Für den Anfang ist dieses Ergebnis einigermaßen in Ordnung, auch wenn es etwas unter dem Durchschnitt deiner Altersgruppe liegt. Schließlich handelt es sich aber erst um den Anfangstest. Dein Ziel sollte es auf jeden Fall sein, mithilfe der Gedächtnismethoden besser als der Durchschnitt zu werden. Hab mehr Vertrauen in dich selbst und dein Gehirn.

45–59 Punkte: Deine Gedächtnisleistung liegt auf jeden Fall über dem Durchschnitt. Allerdings solltest du dich nicht auf deinen Lorbeeren ausruhen. Am besten schaust du dir noch einmal an, welche der vier Disziplinen nicht so gut lief, und suchst dir dann ein Kapitel im Buch heraus, das dich interessiert und deine Gedächtnisleistung weiter verbessern kann.

60 Punkte und mehr: Dein Gedächtnis arbeitet sehr zuverlässig, und du kannst wirklich stolz darauf sein. In keiner Disziplin hattest du einen größeren Ausfall, und du hast dich auch von der Fülle der unterschiedlichen Anforderungen nicht verunsichern lassen. Sei neugierig darauf, wie sich deine Gedächtnisleistung entwickeln kann, wenn du erst die verschiedenen Techniken anwendest!

Zusammenfassung:

- Zuerst hast du dein Gedächtnis selbst eingeschätzt. Meistens beurteilt man die eigene Gedächtnisleistung in den Bereichen höher, für die man sich mehr interessiert. Traf das auch auf dich zu?
- In vier Tests konntest du dann dein Gedächtnis auf Herz und Nieren überprüfen. Hast du mit deiner Selbsteinschätzung richtig gelegen?
- Neben der Gedächtnisleistung konntest du auch ermitteln, ob du bereits einige Lernstrategien unbewusst benutzt.

3. Wie ist dein Gehirn eigentlich aufgebaut? (Schwierigkeitsgrad ***)

Neuronen, Synapsen und andere verrückte Dinge

In deinem Kopf sind wie bei einem Computer unheimlich viele Informationen abgespeichert. Neueste Schätzungen gehen von einer Speichermenge von bis zu 100 Terabyte aus. Zum Vergleich hierzu kann man sich bei den aktuellen Computern umschauen: Seit Ende 2009 werden Festplatten eingebaut, die eine Speicherkapazität von 1 Terabyte besitzen. Wir können also das Einhundertfache eines modernen PC im Kopf behalten. Wozu brauchen wir Menschen aber so einen riesigen Datenspeicher im Gehirn?

Die Begründung liegt in den vielen sehr unterschiedlichen Informationen, die für unser Leben wichtig sind. So sind zum Beispiel die Gesichter deiner Freunde abgespeichert, damit du sie in Sekundenschnelle erkennen kannst. Geräusche, die du hörst, kannst du fast immer sofort einordnen. Du weißt, was passiert, wenn dir ein Glas herunterfällt, und versuchst reflexartig und blitzschnell danach zu greifen. Du erkennst ein Auto auf einen Blick und kannst dich vielleicht sogar daran erinnern, was dein Freund oder deine Freundin gestern für ein T-Shirt anhatte.

All diese Informationen sind in deinem Gehirn in sogenannten Nervenzellen (Neuronen) gespeichert. Außerdem können die einzelnen Informationen auch auf unterschiedlichste Art und Weise von deinem Gehirn kombiniert und in Zusammenhang gebracht werden: Du verstehst den erschrockenen Gesichtsausdruck deiner Freunde, wenn neben ihnen ein fallendes Glas zersplittert. Du weißt, dass du dich schneiden kannst, wenn du in die Splitter greifst.

In diesem Kapitel sollst du einen kleinen Eindruck davon bekommen, wie unglaublich viele Zusammenhänge zwischen den Einzelteilen deines Wissens existieren und dass dein Gehirn diese sehr viel schneller miteinander kombinieren kann als ein moderner Computer.

Hierzu beginnen wir gemeinsam mit einem kleinen Gedankenexperiment. Stell dir einmal deine Klasse vor. Wie viele Mädchen und Jungen sitzen mit dir zusammen im Unterricht? Sicherlich sind es zwischen 20 bis 30 Mitschüler?

Platziere sie in Gedanken in einem Sitzkreis und stell dir kurz ihre Namen oder ihre Gesichter vor. Manche sind miteinander befreundet – andere können sich nicht ausstehen. Aber alle kennen sich, und jeder weiß von dem anderen einige Dinge. Immer wenn der eine vom anderen etwas weiß, dann wird zwischen beiden ein Seil gezogen. Da eigentlich jeder von jedem ein paar persönliche Dinge weiß, spannt sich schon bald ein dichtes Netz mit vielen einzelnen Seilen. Bei 10 Mitschülern sind es 45 Seile, bei 20 Mitschülern bereits 190 und bei 30 Mitschülern unglaubliche 435 Seile.

Jeder Mitschüler steht nun für eine Nervenzelle. Allerdings besitzt du nicht 20 oder 30 Nervenzellen in deinem Gehirn, sondern die unglaubliche Anzahl von rund 100 Milliarden – einer Zahl mit 11 Nullen!

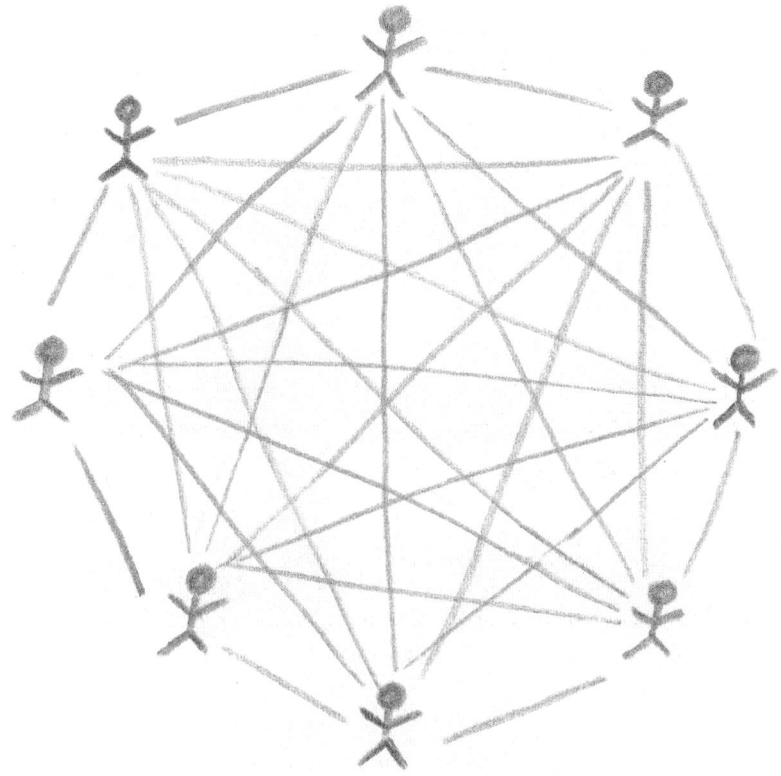

Netzwerke im Gehirn

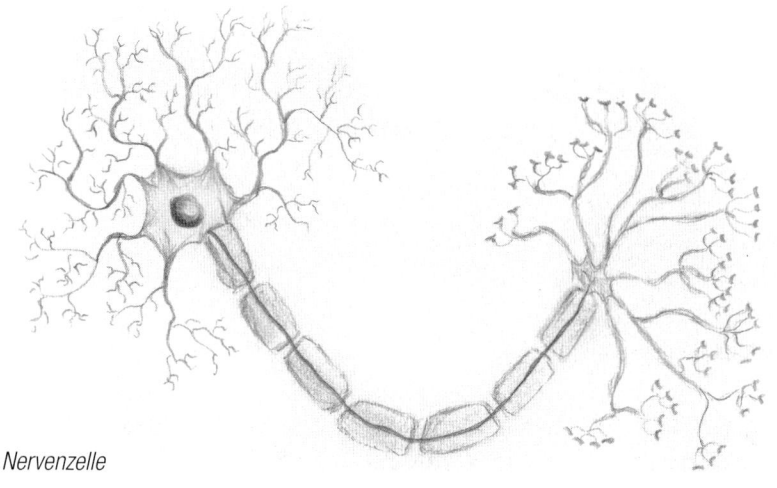

Nervenzelle

Jede Nervenzelle (links im Bild) besitzt nach außen viele kleine Verästelungen (die Dendriten) sowie einen länglichen Schwanz (das Axon). Das Axon verbindet die Nervenzellen miteinander. Dieses wäre in unserem Beispiel das Seil zwischen zwei Mitschülern. Du kannst dir also ausmalen, dass die Anzahl der Verbindungen zwischen den 100 Milliarden Nervenzellen sehr, sehr groß sein muss. Sie werden auf bis zu 100 Billionen geschätzt, also dem Tausendfachen von 100 Milliarden. Würde man alle Axon-Verbindungen eines einzigen menschlichen Gehirns aneinanderreihen, dann könnte man sie 145-mal um die Erde wickeln!

Am Ende eines jeden Axons befinden sich aber zusätzlich noch eine Vielzahl von kleinen Verästelungen, die Synapsen (rechts im Bild). Du kannst dir dies so vorstellen, als ob am Ende eines jeden Seils viele kleine Bindfäden befestigt wären, damit viele Mitschüler danach greifen könnten, um mit dir verbunden zu sein.

Die Synapsen dienen dazu, an möglichst vielen anderen Nervenzellen anzudocken. Hierzu hängen sich die Synapsen an die Verästelungen anderer Synapsen. Im Durchschnitt sind an jeder Nervenzelle ungefähr 1000 Synapsen befestigt. Die Speicherung von Informationen in den Nervenzellen erfolgt dann sowohl über chemische Stoffe in den Synapsen als auch über leichte elektrische Signale in den Axonen.

Das Gehirn und seine verschiedenen Bereiche

Die 100 Milliarden Nervenzellen und die über 100 Billionen Synapsen sind in bestimmten Bereichen zusammengefasst. Man unterteilt das menschliche Gehirn in

- das Kleinhirn,
- das Zwischenhirn,
- das Mittelhirn und
- das Großhirn.

Das **Kleinhirn** ist der zweitgrößte Gehirnabschnitt. Er koordiniert auch schwierigere Bewegungen, wie zum Beispiel das Greifen nach einem Gegenstand, bei dem sich sowohl Unter- und Oberarm als auch die Hand aufeinander abgestimmt bewegen. Es speichert auch komplizierte Bewegungsabläufe dauerhaft ab. Wenn wir einmal das Fahrradfahren beherrschen, dann verlernen wir es dank des Kleinhirns nie wieder. Die Erwachsenen müssen beim Autofahren kaum noch

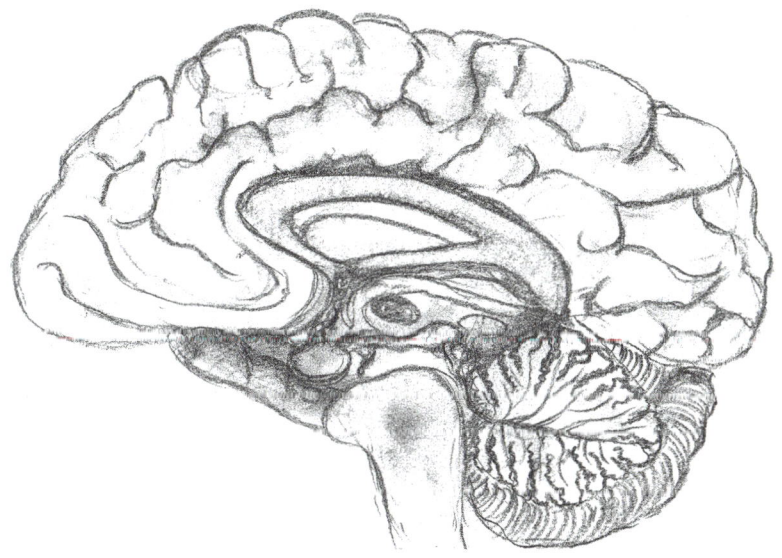

Gehirn

überlegen und können nach einiger Übung gleichzeitig lenken, die Kupplung treten, schalten und Gas geben, ohne dabei ins Schwitzen zu kommen.

Das **Mittelhirn** und das **Zwischenhirn** dienen als Umschaltstelle und als Trichter. Unwichtige Informationen werden herausgefiltert bzw. Sinneseindrücke zur Verarbeitung in andere Gehirnbereiche weitergeleitet.

Das **Großhirn** ist – wie der Name schon sagt – der größte Teil unseres Gehirns. Gleichzeitig ist es aber auch der jüngste Bereich, der sich erst in den letzten Jahrmillionen der menschlichen Entwicklung herausgebildet hat.

Vor allem wegen des genialen Aufbaus unseres Großhirns unterscheidet sich das menschliche Denken und Fühlen sehr deutlich von dem der anderen Säugetiere. Das Großhirn besteht aus der linken und der rechten Hälfte, die durch den sogenannten Balken miteinander verbunden sind. Der Balken ist nichts anderes als eine unheimlich effektive Datenautobahn, die aus mehreren hundert Millionen Axon-Verbindungen besteht.

Es klingt verrückt, ist aber tatsächlich wahr: Das Großhirn hat sich in den Jahrmillionen über Kreuz organisiert. Die linke Hälfte steuert die rechten Körperteile. Die rechte Gehirnhälfte ist aktiv, wenn sich beispielsweise das linke Bein bewegt! Für die meisten Aufgaben werden aber beide Hälften benötigt.

Das Gehirn eines Neugeborenen wiegt ungefähr 300 Gramm. Je älter der Mensch wird, desto schwerer und größer wird auch das Gehirn. Im ausgewachsenen Zustand wiegt es bei Frauen im Schnitt 1245 und bei Männern 1375 Gramm. Wer jetzt aber hieraus ableitet, dass Männer intelligenter als Frauen sind (oder Jungen mehr Grips haben als Mädchen), der liegt komplett falsch! Es kommt nicht darauf an, wie viel Gramm Gehirnmasse man in seinem Kopf hat, sondern darauf, wie gut man sie nutzt. So können beispielsweise Mädchen im Allgemeinen besser lesen als Jungen, während Jungen ein besseres räumliches Vorstellungsvermögen haben.

Doch wie finden nun eigentlich die Fähigkeiten und die Informationen ihren Weg in unser Gedächtnis? Wir nehmen in jeder Sekunde Hunderte von Eindrücken über unsere Sinne auf. Augen, Ohren, Mund und Nase bombardieren unser Gehirn geradezu mit neuen Daten – manche hiervon sich wichtig, andere hingegen völlig überflüssig. Selbst in unseren Fingerspitzen befinden sich auf jedem Quadratzentimeter ungefähr 2500 Sensoren, die wir zum Fühlen und Tasten benutzen können.

Wenn das Zwischenhirn entschieden hat, dass die Information wichtig genug ist, dann behalten wir sie in unserem Kurzzeitgedächtnis. Hier ist sie für einige Sekunden abrufbar, bevor wir sie wieder vergessen. Leider ist unser Speicher für das Kurzzeitgedächtnis sehr begrenzt. Wenn die Informationen aus dem Kurzzeitgedächtnis nicht verlorengehen, landen sie im mittelfristigen Speicher. Hier bleiben sie mindestens für einige Minuten, aber höchstens für einige Tage erhalten. Leider verschwindet aber das Gelernte auch hier wieder, wenn man es nicht nochmals wiederholt. Das ist vielleicht die schlechteste Nachricht dieses Buches. Es spielt keine Rolle, ob man eine wirklich hilfreiche Lerntechnik einsetzt und das Wissen viel schneller aufnimmt. Irgendwann muss man trotzdem alles wiederholen. Aber auch hier gibt es Hilfen. Mehr zum Thema Wiederholen und die Bedeutung des Schlafes findest du in Kapitel 11 dieses Buches.

Um Verletzungen des Gehirns zu vermeiden, hat sich über die Jahrmillionen ein wichtiger Schutz entwickelt: Das Gehirn ist komplett von Knochen, dem Schädel, umgeben, die wie ein Helm funktionieren. Der Schädel besteht aber nicht aus einem einzigen Stück, sondern aus verschiedenen Platten, die bei kleinen Kindern noch nicht vollständig zusammengewachsen sind. Außerdem hat sich die Natur etwas wirklich Geniales ausgedacht. Das Gehirn ist nämlich von einer Flüssigkeit umgeben und dadurch mit einem zusätzlichen Schutz versehen. Vielleicht hast du schon einmal im Schwimmbad unter Wasser ausprobiert, dich besonders schnell zu bewegen. Da das Wasser deine Kräfte abfedert, sind die Bewegungen viel anstrengender als auf dem Trockenen. Eine ähnliche Wirkung wird auch bei Stoßdämpfern genutzt, die an den Rädern eines Autos angebracht sind. Hier wird Öl in den Stoßdämpfern als Flüssigkeit genutzt, um schwere Stöße abzufedern und das Auto mit seinen Insassen nicht zu sehr durchzurütteln. Unser Gehirn ist also fast optimal geschützt. Leider reicht aber selbst dieser doppelte Schutz bei schlimmen Unfällen manchmal nicht aus, und es kommt zu Verletzungen des Gehirns. Früher waren solche Verletzungen oder andere Gehirnschädigungen häufig der einzige Weg für Mediziner, um etwas über die Funktionsweise des Gehirns zu erfahren. In der Fachwelt ist zum Beispiel »Monsieur Tan« sehr bekannt geworden. Nach einer Gehirnschädigung konnte dieser Franzose nur noch die Silbe »Tan« aussprechen, was ihm seinen Spitznamen einbrachte. Hören und verstehen konnte er dagegen fast alles. Wenn er Fragen beantwortete, betonte er das »Tan« unterschiedlich, so dass seine Mitmenschen wussten, ob er gerade »Ja« oder »Nein« meinte. Er führte bis zu seinem Tod im Jahr 1880 ein relativ normales Leben, wenn man davon absieht, dass er aufgrund seiner Gehirnschädigung Pflege benötigte. Nach seinem Tod konnte die verletzte Stelle genau lokalisiert werden, und die Wissenschaftler erhielten erstmals einen Eindruck davon, welche Gehirnregion für die Sprachbildung verantwortlich ist.

Allerdings gibt es auch Gehirnschädigungen, die deutlich schlimmere Folgen haben. Nach einer schweren Entzündung seines Gehirns im Jahr 1985 litt der Musiker Clive W. an schweren Gedächtnisstörungen. Die Informationen aus seinem Kurzzeitgedächtnis wurden nicht an sein Langzeitgedächtnis übertragen, weil der entsprechende Gehirnbereich geschädigt war. Wenn seine Frau nur kurz aus dem Zimmer ging, begrüßte er sie bei ihrer Rückkehr so begeistert, als hätte er sie das letzte Mal vor mehreren Wochen gesehen. An viele Begebenheiten vor der Krankheit konnte er sich nur unbewusst erinnern. Er spielte weiterhin ausgezeichnet Klavier. Lediglich eine Sache verursachte ihm dabei Probleme: Kamen in den Musikstücken Wiederholungen vor, so hatte er am Ende des Abschnitts vergessen, dass er diesen schon gespielt hatte, und fing den Abschnitt wieder von vorn an. So hing er manchmal mehrere Minuten in einer Endlosschleife und spielte immer wieder dieselbe Tonfolge.

Wir können also wirklich dankbar für unser gesundes Gehirn sein, auch wenn es uns manchmal etwas im Stich lässt.

Mittlerweile muss aber kein Gehirn mehr geöffnet werden, um zu erfahren, welcher Gehirnbereich für welche Spezialaufgaben zuständig ist. Sehr moderne Untersuchungsmethoden ermöglichen heute einen tiefen Blick in das unbeschädigte menschliche Gehirn. Die Vielfalt der Gehirnaktivitäten ist wirklich unglaublich. Was auch immer wir gerade machen – auf jedes Problem hat sich eine bestimmte Region in unserem Gehirn spezialisiert: hören, sehen, fühlen, riechen, springen, wütend sein, lesen, tanzen, singen …

Eine wichtige Untersuchungsmethode ist die MRT. Die Abkürzung MRT steht für das vermutlich längste Wort in diesem Buch: Magnetresonanztomographie. Sie arbeitet mit sehr starken magnetischen Feldern. Mit der MRT wird völlig schmerzfrei die Lage von Wasserstoffatomen im Körper gemessen, die sich im Magnetfeld drehen. Von jeder Schicht des Gehirns und aus jeder Richtung können Aufnahmen angefertigt werden – genau so, als hätte man an einer bestimmten Stelle einen Schnitt gemacht und ein Foto geschossen. Wegen der dreidimensionalen Funktion ist für die Ärzte und Wissenschaftler der Nutzen natürlich enorm groß. Allerdings stellt das Gehirn die Menschheit trotz dieser neuen Geräte immer noch vor viele Rätsel. Allein die Informationen, die unsere Augen liefern, werden parallel in über 50 kleinen Gehirnzentren verarbeitet und zusammengefügt.

Hier meldet sich dein Gehirn:

»Einige Fragen beschäftigen mich schon lange Zeit: Insgesamt hat es fast 650 Millionen Jahre gedauert, bis ich mich aus einem sehr einfachen Nervensystem in meine heutige Form entwickelt habe. Kein anderes Gehirn aus der Welt der Säugetiere ist so aufnahmefähig und so genial, wie ich es bin! Glaubst du, dass ich meinen endgültigen Zustand erreicht habe? Oder werde ich mich in den nächsten Tausenden von Jahren immer weiter entwickeln? Werde ich schnell Dinge kapieren, an denen sich heute die Wissenschaftler noch den Kopf zerbrechen? Ich weiß es selbst nicht, aber ich habe da so einen Verdacht …«

Energie, Energie, Energie!

Um solche großartigen Leistungen zu erbringen, benötigt unser Gehirn natürlich jede Menge Energie. Ein Computer ist ohne Strom oder Batterie ebenfalls vollkommen nutzlos. Das menschliche Gehirn verbraucht selbst im Ruhezustand fast ein Viertel des gesamten Energiebedarfs des Körpers. Dabei macht seine Masse nur knapp zwei Prozent des Körpergewichts aus. Das Gehirn – als zentrale Schaltstelle – ist aber nicht nur Energieverbraucher, sondern kümmert sich auch um die Energieversorgung des restlichen Körpers.

Dabei denkt es vor allem in Stress-Situationen zuerst nur an sich – und das ist auch gut so. Würde unser Gehirn ausfallen, dann wären Augen, Nase und Ohren bedeutungslos. Die Organe würden reihenweise mit der Arbeit aufhören, und das Blut würde nicht länger durch unsere Adern fließen. Kurzum, das Gehirn ist das wichtigste Organ in unserem Körper, und es muss bei der Energieverteilung sehr eigennützig denken.

Hierbei fällt mir der folgende treffende Vergleich ein: Deine ganze Klasse sammelt über Wochen mühsam Süßigkeiten bei Nachbarn und Eltern, und du bist als Klassensprecher dafür verantwortlich, dass alle den gleichen Anteil bekommen und die Süßigkeiten möglichst lange reichen. Hierzu bestimmst du einige Schüler, die die süßen Schätze hüten und immer in deiner Nähe bleiben. Du selbst bist natürlich viel zu faul, um irgendetwas zu schleppen. Auf einmal bekommst du unheimlich Appetit und befiehlst den »Hütern«, dir sofort so viel Süßes zu geben, wie du futtern kannst. Du stopfst alles in dich hinein, und deine Mitschüler schauen dir traurig dabei zu. Ab und zu wirfst du einem von ihnen eine Kleinigkeit zu …

In Wirklichkeit würdest du dich bestimmt niemals so aufführen. Mit seinen Freunden teilt man alles gerecht – vor allem, wenn es allen gemeinsam gehört. Sonst hätte man vermutlich bald auch gar keine Freunde mehr.

Unser Gehirn verhält sich aber tatsächlich genau so, wie eben gerade beschrieben. Die benötigte Energie kann es selbst nicht speichern und ist auf andere Organe, wie zum Beispiel die Leber, angewiesen. Dort ruft es bei Bedarf sekundenschnell Energie ab, vor allem in Form von Glukose (Blutzucker). Gleichzeitig wird ein Signal an andere Glukoseverbraucher – wie die Muskeln – gesendet, doch bitte in diesem Moment sehr sparsam damit zu sein. Ein verstärkter Blutfluss spült die Glukose dann direkt ins Gehirn, und dort wird in Stresssituationen bis zu 90 Prozent des gesamten verfügbaren Vorrats verbraucht.

Bestimmt hast du auch schon einmal den Spruch gehört, dass du deine grauen Zellen etwas anstrengen sollst. Da stellt sich doch die Frage, warum man beim menschlichen Gehirn von den »grauen Zellen« spricht. Bei einem Menschen ist das Gehirn nämlich rosa. Erst nach dem Tod ändert sich durch chemische Prozesse die Farbe von Rosa zu Grau. Da die Mediziner

Energiebonbon

früher natürlich nur die Gehirne von verstorbenen Menschen untersucht haben, gingen sie davon aus, dass das menschliche Gehirn immer grau ist. Allerdings würde es sicherlich sehr komisch klingen, wenn wir ab heute nur noch von den »rosa Zellen« reden würden!

Zusammenfassung:
- Unser Gehirn besteht aus 100 Milliarden Nervenzellen, in denen wir alle wichtigen Eindrücke und Informationen seit unserer Kindheit gespeichert haben.
- Jede Nervenzelle ist mit einer Vielzahl von anderen Nervenzellen wie in einem riesigen Netz verbunden.
- Nicht die Größe des Gehirns entscheidet über ein besonders gutes Gedächtnis, sondern die Qualität der Verbindungen.
- Nur wenn die Informationen wichtig genug sind, gelangen sie vom Kurzzeitgedächtnis über den mittelfristigen Speicher in das Langzeitgedächtnis.

4. Wie kannst du dir Witze besser merken? (Schwierigkeitsgrad *)

Mit den Witzen ist es eine ganz eigenartige Sache. Bestimmt kennst du die Situation, dass man einen richtig guten Witz erzählt bekommt, über den man sich schlapplachen könnte. Man nimmt sich fest vor, diesen Witz auf keinen Fall zu vergessen, um ihn bei nächster Gelegenheit selbst zum Besten geben zu können. Doch wenn sich dann endlich eine solche Gelegenheit bietet, ist das Gehirn leider wieder vollkommen »witz-los«. Wie kann so etwas eigentlich sein, schließlich hat jeder von uns in seinem Leben schon jede Menge Witze gehört und sich zumindest bei einigen fest vorgenommen, sie auf jeden Fall zu behalten?

Die Frage habe ich mir auch oft gestellt, und mir ist dabei etwas Merkwürdiges aufgefallen: Entweder fällt einem der Witz komplett ein, oder man kann sich überhaupt nicht daran erinnern. Nur sehr selten ist der Witz lediglich in Bruchstücken im Kopf abgespeichert. Also heißt es: ganz oder gar nicht.

Aber gerade die guten Witze sollte man nach den Erkenntnissen des Gedächtnistrainings doch eigentlich nie wieder vergessen. Schließlich findet man auch in diesem Buch sehr oft den Hinweis, dass man sich an ungewöhnliche Dinge besser erinnern kann. Situationen, in denen man sich gruselt, Angst hat oder sich freut, brennen sich geradezu ins Gedächtnis. Offensichtlich reicht es aber nicht aus, über etwas herzlich zu lachen! Wir müssen also einen anderen Weg finden, damit uns die Witze zur richtigen Zeit wieder einfallen.

Hierzu suchen wir uns für jeden Witz ein passendes Stichwort. Wenn der Witz beispielsweise mit einem Elefanten zu tun hat, dann reicht unserem Gehirn meist der Hinweis auf ebendiesen Elefanten, um sich an den ganzen Witz zu erinnern. Das Einzige, was du also für eine größere Witze-Sammlung benötigst, sind ausreichend Stichworte in einer festen Reihenfolge, die dir bei Bedarf auch wirklich einfallen. Hierzu nutzen wir einfach unser Alphabet. Zu jedem einzelnen Buchstaben existieren ein Stichwort und dazu der passende Witz.

Du findest also auf den nächsten Seiten eine Witze-Sammlung mit insgesamt 26 Witzen – für jeden Buchstaben des Alphabets gibt es einen Witz.

Das Witze-Alphabet: lesen – lachen – abspeichern

Hier kommt dein neues Witze-Alphabet:

A wie Ameisen

Ein Elefant geht durch den Wald und tritt aus Versehen mitten in einen Ameisenhügel. Sofort krabbeln
viele Ameisen an ihm hoch. Der Elefant schüttelt
sich kurz, und die meisten Ameisen purzeln wieder herunter. Nur eine Ameise kann sich mit letzter Kraft an seinem Rüssel festhalten. Die anderen rufen begeistert: »Würg ihn! Würg ihn!«

B wie Bus

Das alte Ehepaar Schmidt sitzt wie jeden Abend
vor dem Fernseher und sieht sich einen Krimi an.
Auf einmal scheppert und kracht es fürchterlich auf der Straße vor
dem Haus. Der alte Schmidt schaut aus dem Fenster, um den Grund für diesen Lärm herauszufinden. Seine neugierige Frau drängelt ihn: »Na, erzähl
schon, was ist denn dort passiert?« Bedächtig antwortet er: »Ach, da wollte
nur ein Bus in die Seitenstraße einbiegen.« Sie fragt nach: »Aber da ist doch
gar keine Seitenstraße!?« »Genau!«, antwortet Herr Schmidt. »Deswegen hat
es ja auch gekracht!«

C wie Camping

Es ist Sommer, und Familie Müller macht auf dem Campingplatz einige Tage
Urlaub. In der Nähe ist ein See, und den ganzen Tag versuchen die Müllers
schon, die Mücken zu verscheuchen. Als es dunkel wird, fliegen einige Glüh-
würmchen über den Platz. Herr Müller ruft entsetzt: »Bloß schnell weg hier –
jetzt kommen sie schon mit Taschenlampen!«

D wie Diktat

Im Deutschunterricht gab der Lehrer die Diktate zurück. Hinterher in der
Pause beschwert sich Fritzchen bei seinen Freunden: »Das ist so unge-

recht! Ich habe in meinem Diktat eine sauschlechte Note bekommen, obwohl der Lehrer zugegeben hat, dass er mein Geschmiere überhaupt nicht lesen konnte!«

E wie Elefant
Ein Elefant und eine Maus wandern gemeinsam durch die Wüste. Auf einmal stolpert der Elefant und tritt aus Versehen leicht auf die Maus. »Entschuldigung!«, sagt der Elefant. »Nicht so schlimm«, antwortet die Maus, »hätte mir auch passieren können!«

F wie Fehler
Max kommt am Nachmittag nach Hause und zeigt seinem Vater die Fünf unter seinem Diktat. Der Vater ist wütend: »Zwanzig Fehler auf einer halben Seite. Wie kann denn das passieren?« Da antwortet Max: »Das liegt nur an der neuen Lehrerin – die sucht wie verrückt danach!«

G wie Gefängnis
Herr Müller steht wegen Diebstahls vor Gericht. Er verspricht seinem Anwalt: »Wenn Sie es schaffen, dass ich nur zwei Monate ins Gefängnis muss, dann bekommen Sie 5000 Euro von mir!« In der Gerichtsverhandlung geht es heiß her. Am Ende wird Müller tatsächlich zu zwei Monaten Gefängnis verurteilt. Er ist hocherfreut und drückt seinen Anwalt. Sein Anwalt erklärt: »Das war ein hartes Stück Arbeit. Der Richter wollte Sie doch glatt freisprechen!«

H wie Hausaufgaben
Der Lehrer kontrolliert gerade die Hausaufgaben von Anne und hat einen schlimmen Verdacht. »Sag mal, Anne, hat dir dein Vater bei den Hausaufgaben geholfen?« »Nein!«, antwortet Anne vollkommen entrüstet. »Er hat sie ganz allein gemacht.«

I wie Impfung
Clara soll eine Impfung bekommen und findet das überhaupt nicht gut. Die Ärztin versucht das Mädchen zu beruhigen, aber Clara wehrt sich aus Leibeskräften. Endlich ist es der Ärztin gelungen, sie zu impfen. Sie fragt Clara:

»Weißt du eigentlich, wogegen du geimpft worden bist?« Clara: »Natürlich! Gegen meinen Willen!«

J wie Jäger

Zwei Jäger begegnen sich im Wald. Da erzählt der eine dem anderen: »Du, ich habe einen ganz komischen Jagdhund. Immer wenn ich auf ein Reh schieße und danebentreffe, wirft er sich auf den Boden und lacht sich krank!« Da fragt der andere Jäger: »Und was macht er, wenn du getroffen hast?« »Keine Ahnung, ich habe ihn erst seit drei Jahren ...«

K wie Kaugummi

Die 80 Jahre alte Oma sitzt im Stadtbus einem fremden Jungen gegenüber. Der kaut mit offenem Mund ein Kaugummi. Sie sagt zu ihm: »Es ist sehr schön, mein lieber Junge, dass du dich mit mir unterhalten willst. Aber du musst lauter sprechen, ich bin doch schwerhörig!«

L wie Löwe

Zwei Ärzte sind auf Löwenjagd in Afrika, haben aber noch keinen zu Gesicht bekommen. Vom anstrengenden Vormittag erschöpft, lehnen sie ihre Gewehre an einen Baum und wollen sich an einem Bach in der Nähe erfrischen. Kaum sind sie dort angekommen, erscheint auch schon ein Löwe und schneidet ihnen den Weg ab. Sofort beginnt der eine, seine schweren Stiefel auszuziehen und seine Taschen zu entleeren. Erstaunt fragt ihn der andere: »Glaubst du etwa, du könntest einem Löwen davonlaufen?« »Nein!«, antwortet der andere. »Ich muss nur etwas schneller sein als du!«

M wie Meerschweinchen

Zwei Handwerker verlegen bei Opa Karlchen den ganzen Tag lang einen neuen Teppichboden im Wohnzimmer. Nachdem sie endlich fertig geworden sind, sehen sie in der Mitte des Raumes eine kleine Beule im Teppich. Sagt der eine Handwerker zum anderen:»Mist, ich habe bestimmt meine Zigaretten darunter liegen lassen.« Antwortet der andere:»Kein Problem, klopfen wir die Stelle schnell mit dem Hammer flach, dann müssen wir nicht noch einmal den ganzen Teppich rausreißen!« Gesagt, getan. In diesem Moment kommt Opa Karlchen in den Raum und fragt:»Haben Sie eigentlich mein kleines Meerschweinchen gesehen? Ich kann es nirgendwo finden!«

N wie Nebel

Im dichten Nebel fährt Tante Helga mit ihrem Auto immer ganz nah hinter dem Vordermann her, weil außer den Rücklichtern nicht viel zu sehen ist. Das geht eine ganze Weile so. Plötzlich hält der Vordermann an, Tante Helga kann nicht mehr rechtzeitig bremsen, und es scheppert gewaltig. Sie springt wütend aus ihrem Wagen:»Was fällt Ihnen ein, so plötzlich zu bremsen?« Da antwortet der andere Autofahrer:»Ganz einfach. Ich bin zu Hause angekommen und stehe jetzt in meiner Garage!«

O wie Opa

Opa Karlchen fährt stockbesoffen im Auto auf der Landstraße entlang. Da hält ihn ein Polizist an und sagt: «Geben Sie mir bitte Ihren Führerschein!« Da ist der Opa verärgert: «Aber den habe ich Ihnen doch schon vor zwei Wochen gegeben. Haben Sie den etwa verschlampt?« In diesem Moment fällt dem Polizisten der starke Alkoholgeruch auf. Er schimpft:»Bei Alkohol gilt doch immer die Regel: Hände weg vom Lenkrad!« Opa Karlchen ist empört: »Was denn, soll ich in meinem betrunkenen Zustand etwa auch noch freihändig fahren?«

P wie Papagei

Ein Einbrecher bricht nachts in ein Haus ein. Er schleicht im Dunkeln durch das Wohnzimmer. Auf einmal hört er eine krächzende Stimme:»Ich sehe dich, und Jesus sieht dich auch!« Der Einbrecher erschrickt zu Tode und leuchtet mit seiner Taschenlampe herum. Schließlich sieht er einen Papagei in einem Käfig.»Na, du bist ja ein süßer Vogel – wie heißt du denn?« Der Papagei antwortet:»Karl-Heinz!« Der Einbrecher fängt an zu grinsen:»Also, das ist ja ein wirklich komischer Name für einen Papagei!« Der Papagei grinst zurück und sagt:»Stimmt. Aber Jesus ist auch ein komischer Name für unseren Schäferhund!«

Q wie Quizshow

Der Kandidat ist bereits bis zur 100.000-Euro-Frage gekommen, und der Moderator stellt ihm die nächste Aufgabe:»Was ist der Unterschied?« Da fragt der Kandidat zurück:»Der Unterschied? Zwischen was bitte?« Der Moderator antwortet betrübt:»Es tut mir so leid, aber ich darf Ihnen keine weiteren Tipps geben!«

R wie Restaurant

Fritzchen sitzt im Restaurant und fragt die nette Kellnerin:»Könnten Sie mir einen Gefallen tun und meinen Fünfzigeuroschein in sechs Zehner umtauschen?« Die Kellnerin wundert sich.»Du meinst sicherlich in fünf Zehner?« Da antwortet Fritzchen:»Aber dann wäre es doch kein Gefallen mehr!«

S wie Schiffbrüchiger

Ein Urlauberschiff ist auf einer Kreuzfahrt durch den Karibischen Ozean unterwegs. Ein Passagier sitzt auf dem Deck und schaut in die Ferne. Plötzlich sieht er auf einer kleinen Insel einen alten Mann in Lumpen und langem Bart, der ganz aufgeregt zum Schiff herüberwinkt. Der Passagier rennt los und holt sofort den Kapitän. Der Kapitän sagt:»Machen Sie sich keine Sorgen. Das macht der Verrückte jedes Mal, wenn wir hier vorbeikommen!«

T wie Tandem

Max und Julius sind auf einer Radtour im Gebirge unterwegs. Max sitzt vorn und Julius hinten. Nachdem sie einen besonders steilen Berg bewältigt haben, hechelt Max:»Also, wenn ich nicht wie ein Irrer in die Pedale getreten

hätte, dann wären wir nie hier oben angekommen!« Daraufhin entgegnet ihm Julius: »Ja, und wenn ich nicht wie ein Irrer gebremst hätte, dann wären wir andauernd wieder zurückgerollt!«

U wie Unterricht

Es ist Unterricht, und der Lehrer erklärt etwas. Leider ist es im Klassenraum sehr laut. Timmy ruft nach vorn: »Bitte etwas lauter!« Da ruft der Lehrer zurück: »Oh, entschuldige bitte. Ich wusste gar nicht, dass jemand zuhört!«

V wie Vorlesen

Es ist Abend, und der Sohn soll ins Bett gehen. Sein Vater liest ihm noch eine Gutenachtgeschichte vor. Nach einer halben Stunde öffnet die Mutter leise die Tür und flüstert: »Ist er endlich eingeschlafen?« Da antwortet der Sohn: »Ja, endlich!«

W wie Wohnwagen

Ein Urlauber wird auf der Autobahn von einem Polizisten angehalten: »Ihr Rücklicht geht leider nicht.« Der Autofahrer steigt aus und geht nach hinten. Plötzlich bleibt er wie versteinert stehen und sinkt anschließend laut schluchzend auf die Knie. Der Polizist lächelt freundlich und sagt: »Es ist ja nicht so schlimm, so ein Rücklicht kann man doch reparieren.« Da entgegnet ihm der Autofahrer: »Das Rücklicht ist mir doch völlig egal! Aber wo ist nur mein Wohnwagen hin?«

X wie Xylophon
Ein Xylophonspieler hat sich verlaufen und fragt einen Spaziergänger um Rat: »Entschuldigung, wie komme ich zum Konzertsaal?« Da antwortet der Spaziergänger: »Üben, üben, üben!«

Y wie Y
Ein Y wandert durstig durch die Wüste. Plötzlich trifft es auf ein Z, das gerade ein Glas kühles Wasser trinkt, ohne dem Y etwas abzugeben. Da sagt das Y zu dem Z: »Also, du bist wirklich das Letzte!«

Z wie Zebra
Es laufen zwei Zebras durch die Wüste. Um nicht zu verdursten, trägt das erste auf seinem Rücken ein großes Fass mit Wasser. Das zweite schleppt ein riesiges Fenster hinter sich her. Da wundert sich das erste Zebra: »Warum trägst du denn dieses schwere Fenster mit dir herum?« Die Antwort kommt prompt: »Ist doch ganz klar: Wenn mir heiß wird, kann ich das Fenster aufmachen und lüften!«

So, das waren schon die 26 Witze. Mal länger, mal kürzer – und auch mal ein bisschen böse. Jetzt heißt es für dich aber noch nicht ganz »Feierabend machen«, denn du solltest dringend noch einmal das gesamte Alphabet von A bis Z durchgehen und die Stichwörter auswendig lernen. Ich glaube nicht, dass dir das große Probleme bereiten wird. Allerdings wirst du bestimmt auch den einen oder anderen Buchstaben noch mal nachschauen müssen, bis du alle 26 Stichworte im Kopf hast.

Ich hoffe, dass dir die allermeisten Witze gefallen haben. Leider ist es nicht ganz einfach, Witze zu finden, die bei allen gleich gut ankommen. Wenn du in der kommenden Zeit irgendwo einen Witz hörst oder liest, der dir richtig gut gefällt, dann tausche ihn einfach in deinem Witze-Alphabet aus. Überlege dir, unter welchem Stichwort du ihn abspeichern möchtest, und überprüfe zur Sicherheit noch mal, ob dir bei dem betreffenden Buchstaben auch genau das neue Stichwort einfällt.

So, nun bist du für jede Witzrunde mit deinen Freunden gut gerüstet und kannst ihnen einen Witz nach dem anderen unter die Nase reiben. Ich bin gespannt, ob sie mit dir mithalten können!

Zusammenfassung:

- Wir nutzen das Alphabet, um uns 26 Stichworte zu merken.
- Jedes Stichwort erinnert uns an einen bestimmten Witz, in dem das betreffende Wort vorkommt. Meist fällt uns dann auch gleich der ganze Witz ein.
- Wenn wir lachen und fröhlich sind, ist unser Gehirn ganz besonders aufnahmebereit!

5. Wie kannst du deinen Geografielehrer blass aussehen lassen? (Schwierigkeitsgrad **)

Es gibt viele Schüler, denen der Geografieunterricht Spaß macht. Hoffentlich gehörst du dazu! Mit Spaß fällt das Lernen nämlich viel leichter, und die Hausaufgaben oder das Büffeln für den nächsten Test klappen schneller und besser. Als Geografiefreund wird dir das folgende Kapitel bestimmt gefallen und dir helfen, deine Noten in diesem Fach vielleicht sogar noch etwas zu verbessern.

Falls du aber eher zu denjenigen gehörst, die den Geografieunterricht am liebsten abschaffen würden, dann könnte das auch an deinem Lehrer liegen. Vielleicht erklärt er den Stoff nicht gut, oder du kannst ihn einfach nicht leiden.

Es kann aber auch sein, dass du dich im Unterricht nicht wohlfühlst, weil der Stoff langweilig ist. Oder machst du deine Hausaufgaben immer nur auf die Schnelle und meistens nie ganz fertig? Auch das kann dazu führen, dass dein Kopf etwas blockiert ist und der Stoff dich nicht gerade umhaut.

Am Ende fragt aber leider keiner danach, ob man den Lehrer nicht mochte oder ob die Geografiethemen nicht die richtigen waren. Es hängt wirklich allein von dir ab, wie gut du die Unterrichtsinhalte begreifst oder dir merken kannst.

Deshalb werde ich dir hier gleich einige »Tricks« für den Geografieunterricht verraten. Beim Gedächtnistraining spricht man eigentlich nicht von Tricks, sondern von Techniken. Wenn du im Grundsatz verstanden hast, wie solche Techniken funktionieren, kannst du sie nach einem festen Muster auch bei anderen Gelegenheiten immer wieder anwenden.

Die Grundlage jeder einzelnen Technik im Gedächtnistraining ist die Fantasie. Unser Gehirn merkt sich ungewöhnliche und verrückte Dinge viel besser als alltägliche Sachen. Wir überlegen uns also am besten eine fantasiereiche Geschichte, in der die notwendigen Informationen verschlüsselt sind.

An einigen Beispielen aus dem Unterricht kannst du es selbst ausprobieren und wirst sehen, dass Lernen noch viel mehr Spaß machen kann, als du bislang für möglich gehalten hast. Vor allem die Fantasie macht aus langweiligem Stoff etwas »Merk-würdiges«. Diese kleine Wortspielerei zeigt schon, dass der Lernstoff von deinem Gehirn als »würdig« empfunden werden muss, um besser gemerkt zu werden. Das Gehirn wird also an dieser Stelle etwas ausgetrickst.

Die Europäische Union – mal schnell gelernt

Zuerst wollen wir die Länder der Europäischen Union auswendig lernen. Die Europäische Union – oder kurz EU genannt – ist ein Zusammenschluss vieler Länder in Europa, die gemeinsame politische und wirtschaftliche Ziele haben.

Es wäre für uns natürlich zu leicht, nur die Länder zu lernen! Wir werden die Länder gleich in die richtige Reihenfolge bringen und beginnen mit dem Land, das die größte Fläche besitzt. Die nachfolgenden Länder sind dann jeweils kleiner als das vorhergehende Land.

Insgesamt gibt es aktuell 27 Länder, die der Europäischen Union angehören. Für jemanden mit Mathematikkenntnissen ist diese Zahl leicht zu merken, denn 27 ist exakt 3 mal 3 mal 3. Dazu gibt es den folgenden kleinen Merkreim:

»EU-weit sind dabei: drei mal drei mal drei.«

In der folgenden Liste sind die Länder jeweils mit ihrer Fläche aufgelistet. Die Fläche spielt für uns aber noch keine Rolle. Schau dir die Liste kurz an, wir wollen dann in Ruhe die ersten 10 Länder mit einer kleinen Fantasie-Geschichte auswendig lernen. Wichtig sind hierbei vor allem die vorgestellten Ersatzwörter:

Nr.	EU-Land	Größe in km^2	Ersatzbild	Eigenes Ersatzbild
1	Frankreich	547 000	Eiffelturm	
2	Spanien	505 000	Stierkämpfer	
3	Schweden	450 000	IKEA-Schrank	
4	Deutschland	357 000	Lederhose	Currywurst

Nr.	EU-Land	Größe in km²	Ersatzbild	Eigenes Ersatzbild
5	Finnland	338 000	Polartag	Final
6	Polen	313 000	Polizei	
7	Italien	301 000	Pizza	
8	Großbritannien	243 000	Queen	
9	Rumänien	238 000	Roman	
10	Griechenland	132 000	Akropolis	Aphrodite

Liste der 10 flächengrößten Länder der Europäischen Union

Um uns die Länder leichter mit einer Geschichte merken zu können, verwenden wir nicht die Ländernamen, sondern stattdessen sogenannte Ersatzwörter oder Ersatzbilder. Ein Ersatzbild soll uns immer an das betreffende Land erinnern. So steht zum Beispiel der Eiffelturm für das Land Frankreich, weil sich dieser Turm in Paris befindet. Diesen Zusammenhang zwischen dem Land und dem Ersatzbild nennt man *Assoziation* – also Gedankenverknüpfung.

Jeder Mensch hat seine eigenen Assoziationen, je nachdem, was er in seinem Leben bereits erlebt oder gesehen hat. Wenn du zum Beispiel noch nicht in Frankreich gewesen bist und den Eiffelturm auch noch nie auf Fotos oder im Fernsehen gesehen hast, dann ist diese Gedankenverknüpfung für dich nicht sehr hilfreich. Such dir in diesem Fall besser dein eigenes, persönliches Ersatzbild. Bestimmt weißt du, dass die Menschen in Frankreich gern Baguette essen. Also kannst du hier auch diese Assoziation verwenden und das Wort Baguette bei Frankreich in die Tabelle eintragen.

Falls man aber zu einem bestimmten Land überhaupt kein Ersatzbild findet, dann kann man auch ein Wort benutzen, welches ähnlich wie der Ländername klingt. In der Tabelle steht beispielsweise für das Land Polen der Begriff »Polizei«. Die ersten drei Buchstaben der beiden Wörter sind gleich. Das genügt, damit du dich später bei dem Wort »Polizei« wieder an Polen erinnern kannst. Hier brauchst du einfach nur auf dein natürliches Gedächtnis zu vertrauen.

Unsere Geschichte beginnt also so:

Auf dem Eiffelturm steht ein Stierkämpfer…

Wir starten mit dem Ersatzbild für Frankreich und verknüpfen daran das Ersatzbild für Spanien. Diese Verknüpfung ist hier sehr leicht gewählt. Wenn du möchtest, kann der Stierkämpfer auch am Eiffelturm hochklettern oder der Eiffelturm kippt um, weil der Stierkämpfer mächtig daran zieht.

Auf jeden Fall beginnt die Geschichte aber immer zuerst mit dem Eiffelturm!

Es geht weiter:

… der Stierkämpfer schleppt einen Schrank von IKEA…

IKEA, der große Möbelhändler, steht hier natürlich für Schweden. Am besten schließt du nun einmal kurz die Augen und versuchst dir den Stierkämpfer genau vorzustellen, wie er an dem schweren Schrank zu schleppen hat. Hörst du das wütende Schimpfen des Stierkämpfers in seiner spanischen Muttersprache, weil

der Schrank so unhandlich ist? Wenn du in Bildern denkst und Geräusche mit ein-
beziehst, dann fällt deinem Gehirn das Merken leichter.

Nun versuchen wir uns gleich an den nächsten vier Ländern – stell dir bitte
wieder alles sehr bildlich vor:

Im IKEA-Schrank (Schweden) liegt eine **Lederhose (Deutschland)**, aus deren
Hosentasche es sehr hell leuchtet. In der Tasche hat gerade das Sommerhalb-
jahr mit dem **Polartag (Finnland)** begonnen, und es ist 24 Stunden am Tag hell.
Über die Helligkeit beschwert sich jemand und ruft die **Polizei (Polen)**. Bei der
Polizei ist aber gerade Mittagspause, und dort gibt es zum Essen eine richtig
leckere **Pizza (Italien)**. Kannst du dir den Pizza-Geruch vorstellen? Auch Gerü-
che dienen dem besseren Abspeichern von Informationen.

Na, alles gemerkt? Dann kann es ja gleich mit den letzten drei Ländern wei-
tergehen: Auf der Pizza steht aber gerade die **Queen**
(Großbritannien) und winkt freundlich. Sie
hat einen dicken **Roman (Rumänien)** in
der Hand, auf dem die berühmte Tem-
pelanlage **Akropolis (Griechenland)**
zu sehen ist. Solltest du die Akropolis
noch nicht kennen, benutze einfach
ein anderes Merkwort für Griechenland, z.B. die Olympischen Spiele.
Auf dem Roman wäre dann ein
Bild mit einem Läufer dargestellt,
es handelt sich bestimmt um eine
Geschichte der Olympischen Spiele.

So, nun kannst du ganz beruhigt
das Buch an dieser Stelle kurz umdrehen und ver-
suchen, die Geschichte in Gedanken zu wiederholen. Du wirst dich bestimmt
an die ersten 10 Länder erinnern können. Wenn es doch noch mal an einer
Stelle hakt, dann schau kurz das fehlende Land nach und überlege anschließend allein weiter.

Du hast jetzt gemerkt, dass es wirklich besser ist, die Geschichten möglichst
lustig oder verrückt aufzubauen. Je ungewöhnlicher die Gedankenbilder sind,
umso intensiver kann dein Gehirn sich die Dinge merken.

Hier meldet sich dein Gehirn:

»Bitte verknüpfe die Informationen immer in der richtigen Reihenfolge! Ein typischer Fehler ist es, wenn man bei der Geschichte zwischen den Wörtern hin und her springt, also in unserem Beispiel nicht der Stierkämpfer den Schrank trägt, sondern er den Schrank auf den Eiffelturm stellt.

Dann komme ich bei der Wiedergabe durcheinander. Also: Immer genau Schritt für Schritt die Geschichte bilden und nur die beiden aktuellen Wörter miteinander verbinden.«

Na, hat alles geklappt? Dann versuch dich doch gleich an den Ländern 11 bis 20 und setze die Geschichte mithilfe deiner eigenen Fantasie fort.

Nr.	EU-Land	Größe in km²	Ersatzbild	Eigenes Ersatzbild
11	Bulgarien	111 000	Bullauge	
12	Ungarn	93 000	Balaton-See	*Jonathan*
13	Portugal	89 000	Porträt	*Filippa*
14	Österreich	84 000	Skifahrer	
15	Tschechische Republik	79 000	Checker	
16	Irland	70 000	Irre Leute	
17	Litauen	65 000	Litfaßsäule	
18	Lettland	64 000	Lätzchen	
19	Slowakische Republik	49 000	Sofakissen	
20	Estland	45 000	Äste	

Fortsetzung der Liste der 20 flächengrößten Länder der Europäischen Union, 11–20

Insgesamt wird die Geschichte dann schon etwas länger, aber das menschliche Gedächtnis kann noch deutlich mehr zusammenhängende Informationen speichern. Falls du dies selbst ausprobieren möchtest, dann versuch dich nun an den letzten sieben Ländern der EU:

Nr.	EU-Land	Größe in km^2	Ersatzbild	Eigenes Ersatzbild
21	Dänemark	43 000	Dämlich	
22	Niederlande	42 000	Windmühlen	
23	Belgien	31 000	Bälle	
24	Slowenien	20 000	Schlafen	
25	Zypern	9300	Ziepen	
26	Luxemburg	2600	Luchs	
27	Malta	300	Maler	

Fortsetzung der Liste der flächengrößten Länder der Europäischen Union, 21–27

Im Anschluss solltest du testen, ob du die vollständige Liste aller 27 Länder der EU auswendig aufsagen kannst.

Nun ist natürlich die Frage berechtigt, ob unsere Geschichte unbrauchbar wird, wenn in den nächsten Jahren weitere Länder in die Europäische Union aufgenommen werden. In diesem Fall musst du die Geschichte nur an der betreffenden Stelle etwas umbauen und ergänzen, an der das neue Land dann eingefügt wird.

So, nun bist du gut gerüstet für den Geografieunterricht, wenn dort die Frage nach den wichtigsten Ländern der EU kommt. Statt nur einige aufzuzählen, kannst du gleich mit der kompletten Liste glänzen! Vielleicht wirst du dabei etwas aufgeregt sein, wenn du zum ersten Mal dein Wissen vor anderen präsentieren möchtest, selbst wenn es nur die Freunde sind. Auch bei Auftritten oder bei einer mündlichen Leistungskontrolle in der Schule ist das völlig normal.

Die größten Länder der Welt – wie einfach!

Mit den Gedächtnismethoden kann man aber noch andere Informationen besser behalten. Im Folgenden wollen wir uns einmal die Hauptstädte der fünf größten Länder der Welt vornehmen. Diese sind alle deutlich größer als das uns inzwischen gut bekannte Land mit dem Eiffelturm:

Nr.	Land	Größe in Millionen km^2	Hauptstadt
1	Russland	17,08	Moskau
2	Kanada	9,98	Ottawa
3	USA	9,63	Washington
4	China	9,57	Peking
5	Brasilien	8,55	Brasilia

Die fünf größten Länder der Welt

Ziel dieser Übung soll es sein, dass uns sofort die Hauptstadt einfällt, wenn uns das entsprechende Land genannt wird. Es kommt nicht mehr auf die Reihenfolge der Länder an.

Wir bilden nun also nicht mehr eine lange, sondern für jede Länder-Hauptstadt-Kombination eine kleine eigene Geschichte. Die erste Merkgeschichte könnte lauten: *An einer Wand voll mit schwarzem Ruß (einer Ruß-Wand) bleibt ein Moskito hängen.* Aus »Ruß-Wand« wird ganz schnell Russland und das Wort Moskito erinnert uns an Moskau.

Man kann aber auch die Namen der Länder und Hauptstädte in ähnlich klingende Wörter zerlegen. Für das zweitgrößte Land der Erde – Kanada, mit der Hauptstadt Ottawa – eignet sich der folgende Merksatz (wenn du ein Berliner bist, kannst du den Satz richtig schön betonen):

Wat will am Kanu da der Otter, wa'?

Aus »Kanu da« bastelt unser Gehirn sehr schnell Kanada und aus »Otter, wa'« wird in Sekundenschnelle Ottawa hergeleitet.

Wusstest du übrigens schon, dass die USA nur das drittgrößte Land der Erde sind? Hier könntest du wieder mit einem Ersatzbild für die USA arbeiten. Die USA haben zum Beispiel sehr gute Basketballspieler. Schließe deine Augen und stelle dir in Gedanken einen Basketballspieler vor, der mit einem riesigen Schinken versucht, den Basketballkorb zu treffen. Natürlich bekommt er am Ende des Spiels großen Ärger mit seinem Trainer, weil der Schinken nun schmutzig geworden ist. Der Trainer schimpft ihn aus und ruft: »Wasch Schinken!« Spricht man die beiden Wörter »Wasch« und »Schinken« schnell hintereinander aus, dann ähnelt es dem Klang von Washington. Klingt ein bisschen verrückt, oder? Aber es funktioniert super, und nur darauf kommt es doch an!

Nummer vier der Welt ist die Volksrepublik China mit der Hauptstadt Peking. Kennst du die Pekinesen, die kleinen süßen Hunde mit der platten Schnauze? Nun stell dir einfach vor, dass das ganze chinesische Volk hinter einem kleinen Pekinesen herjagt. Sie wollen unbedingt wissen, warum er fast genauso wie die chinesische Hauptstadt heißt.

Das fünftgrößte Land der Welt hat eine so leicht zu merkende Hauptstadt, dass man hier nicht einmal Gedächtnistechniken benötigt, um sich den Namen zu merken: Die Hauptstadt von Brasilien heißt Brasilia.

Die Bundesländer und ihre Hauptstädte – kein Problem

Das gleiche System funktioniert wunderbar auch mit den Hauptstädten unserer 16 Bundesländer. Diese findest du hier einmal vollständig aufgelistet und mit Vorschlägen für die entsprechenden Ersatzwörter versehen. Lediglich die drei Bundesländer Berlin, Hamburg und Bremen haben keine zusätzliche Hauptstadt aufzuweisen:

Bundesland	Merkwort Bundesland	Hauptstadt	Merkwort Hauptstadt
Baden-Württemberg	Baden	Stuttgart	Stute
Bayern	FC Bayern München	München	Münchhausen
Brandenburg	Brand	Potsdam	Post
Hessen	Essen	Wiesbaden	Wiese
Mecklenburg-Vorpommern	McPom	Schwerin	Schwer
Niedersachsen	Niedersausen	Hannover	Hahn
Nordrhein-Westfalen	Norden	Düsseldorf	Dussel
Rheinland-Pfalz	Rhein	Mainz	Mainzel-männchen
Saarland	Salat	Saarbrücken	Aalrücken
Sachsen	Sachen	Dresden	Drehen
Sachsen-Anhalt	Anhalter	Magdeburg	Magd
Schleswig-Holstein	Schleichweg	Kiel	Killer
Thüringen	Tür	Erfurt	Ehrfurcht
Berlin	–	–	–
Bremen	–	–	–
Hamburg	–	–	–

Unsere 16 Bundesländer und deren Hauptstädte

Die beiden Ersatzwörter für das Bundesland und die Hauptstadt werden wieder zusammengefügt. Dies könnte beispielsweise folgendermaßen lauten:

Brandenburg: *Ein Brand zerstört die Post.*
Hessen: *Das Essen findet auf der Wiese statt.*
Schleswig-Holstein: *Auf dem Schleichweg wartet ein Killer.*

Bitte versuch nun, für die restlichen Bundesländer ebenfalls kleine Geschichten zu bilden. Decke anschließend die Tabelle zu und lasse nur die Bundesländer frei, damit du dich selbst kontrollieren kannst.

Bis hierher war es hoffentlich relativ leicht. Eine etwas größere Herausforderung ist es aber, sich zusätzlich die Größen der Länder oder deren Einwohnerzahlen zu merken. Da es sich nun um Zahlen handelt, kommt man mit den normalen Assoziationen nicht sehr weit. Stattdessen benutzt man am besten das neue **Twin-System**. Wenn du mehr über diese Technik erfahren möchtest, dann blättere anschließend gleich weiter zum Kapitel 6. Hier kannst du auch erfahren, was die Einwohnerzahl der Bundesrepublik Deutschland (82 Millionen) mit einer schwarz-rot-gold gestreiften Biene zu tun hat.

Zusammenfassung:

- Um uns Länder zu merken, suchen wir uns Merkwörter, die uns an das Land erinnern. Fällt uns kein geeignetes Merkwort ein, dann eignet sich auch ein Wort, das ähnlich klingt.
- Für eine feste Reihenfolge von Ländern fügen wir die Merkwörter in einer fantasiereichen Geschichte zusammen.
- Für Zuordnungen von Hauptstädten und Ländern reicht eine kleine Verknüpfung der beiden dazugehörigen Merkwörter oder ein lustiger Merksatz.

6. Wie lernst du am besten jede Menge Zahlen auswendig? (Schwierigkeitsgrad **)

Schon seit ewigen Zeiten haben Menschen Probleme damit, sich Zahlen zu merken. Die Marktfrauen im Mittelalter durften nicht vergessen, zu welchem Preis sie Milch oder Käse verkaufen sollten. Auch für Handwerker und andere Berufsgruppen war es damals wichtig, sich an ausgehandelte Mengen und Preise zu erinnern. Die meisten Verträge wurden nämlich nur mündlich besprochen und nirgends aufgeschrieben.

In den letzten einhundert Jahren hat nun die Bedeutung der Zahlen für unser Leben weiter zugenommen. So wurde beispielsweise im 19. Jahrhundert das Telefon erfunden. Inzwischen existieren in Deutschland schon über 100 Millionen Handyverträge. Viele Erwachsene kennen aber nicht einmal ihre eigene Handynummer auswendig.

Auch die folgende Tatsache mag man eigentlich gar nicht glauben: Mehrere zehntausend EC- und Kreditkarten werden pro Jahr von deutschen Bankautomaten geschluckt, weil die PIN – also die Geheimzahl – dreimal hintereinander vom Kartenbesitzer falsch eingegeben wurde. Dabei besteht der Code nur aus vier Stellen. Die eigene Kontonummer ist vielen Erwachsenen erst recht nicht bekannt.

Egal, ob es sich um Preise, Hausnummern, Verkaufszahlen, Geschichtsdaten, Uhrzeiten, Gewichte, Mengen, Maße oder Postleitzahlen handelt – wir können die Zahlen aus unserem Leben nicht mehr wegdenken.

Das Gedächtnistraining beschäftigt sich deswegen schon eine sehr lange Zeit mit dem Thema Zahlen. Bereits vor über 350 Jahren gab es die ersten Versuche, die Ziffern 0 bis 9 in Buchstaben umzuwandeln und aus den Buchstaben dann Wörter zu bilden. Die Idee ist natürlich genau richtig, weil unser Gehirn Wörter – und hier vor allem jene, die Gegenstände beschreiben – besonders leicht behalten kann. Leider war das System aber ganz schön kompliziert.

Man überlegte sich damals, dass man ein möglichst flexibles System braucht, weil die deutsche Sprache oft Beschränkungen unterliegt (versuch doch zum Beispiel mal ein Wort zu finden, das mit »Teb…« oder »Nod…« beginnt!). In einem einzigen Wort wollte man möglichst lange Zahlen verschlüsseln. Oft handelte es sich sogar um drei- oder vierstellige Zahlen. Wenn man ein passendes Wort fand, konnten es auch noch mehr Stellen sein.

Um möglichst lange Zahlen zu verschlüsseln, ordnete man damals einer Ziffer nicht einen, sondern mehrere Buchstaben oder sogar Buchstabengruppen zu. Für die Ziffer 8 standen beispielsweise die Buchstaben w, v, f, oder pf. Je nach Situation und den Möglichkeiten der Sprache wählte man dann einen der Buchstaben aus und verschlüsselte unterschiedlich lange Zahlen in einem Wort. Das Wort »Waffe« bedeutete dann beispielsweise also 888 und »Pfeife« 88. Die Suche nach passenden Wörtern dauerte oft sehr lange und erforderte viele Überlegungen.

Gerade für einen Anfänger wurde hierdurch der Einstieg in das Gedächtnistraining leider sehr erschwert. Sicherlich stimmst du mir zu, dass ein Gedächtnissystem auf jeden Fall einfach und leicht zu lernen sein sollte.

Zum Glück hat sich in den letzten Jahrzehnten eine Tendenz zu zweistelligen Zahlen entwickelt. Man beschränkt sich hierbei auf 100 Ersatzbilder für die Ziffern von 00 bis 99. Dieses System wird im Allgemeinen Mastersystem genannt. Es ist viel besser für den Einsatz im Alltag geeignet. Schließlich haben wir im täglichen Leben nicht viel Zeit, und es ist besser, wenn man auf feste Begriffe schnell zugreifen kann. Hierzu muss man das hundertteilige System natürlich einmal in seinem Leben komplett lernen. Danach kann man es bis ins hohe Rentenalter nutzen.

Einfach genial – das neue Twin-System

Leider werden aber in dem gerade beschriebenen Mastersystem weiterhin die alten und umständlichen Kombinationen von Zahlen und Buchstaben benutzt. Noch immer können mehrere Buchstaben für ein und dieselbe Zahl stehen. Ich kann jeden Jugendlichen gut verstehen, der Schwierigkeiten hat, solch ein System zu lernen.

Deshalb habe ich das bisherige Zahlensystem komplett überarbeitet. Außerdem wird es um einen zweiten und völlig neuen Schritt ergänzt. Ich nenne es deshalb das **Twin-System**.

Twin bedeutet im Englischen »Zwilling« oder »Zwei...«. Das neu entwickelte Twin-System lässt sich sehr leicht erlernen, und ich hoffe, dass es vielen jungen Menschen einen guten Start im Gedächtnistraining ermöglicht.

Regel Nummer 1a: Jede Ziffer von 0 bis 9 wird durch einen einzigen Buchstaben ersetzt. Da Gedächtnistraining sehr bildlich funktioniert, spielt bei der Wahl des Buchstabens nur die Form der Zahl eine Rolle.

Ziffer	Buch-stabe	Begründung
0	D	Eine Null und ein D sind sich sehr ähnlich, oder?
1	T	Male den T-Querstrich etwas schräg nach links unten und schon erscheint die 1.
2	N	Schau dir mal ein N von rechts an. Es sieht aus wie eine 2!
3	M	Ebenfalls von rechts gesehen, wird aus dem M eine 3!
4	K	Verblüffend, aber wahr: Wenn man die 4 von links unten betrachtet, erscheint ein K!
5	S	Die Ähnlichkeit zwischen einer 5 und dem S ist gut zu erkennen.
6	G	Eigentlich ist es völlig logisch, warum ein G für die 6 steht, oder!?
7	L	Wenn du die 7 umdrehst, erhältst du ein L.
8	B	8 und B könnten Zwillinge sein, jeder besteht aus zwei Kreisen bzw. Bögen.
9	P	Klapp die 9 nach rechts (oder halte sie vor den Spiegel), dann erscheint ein P.

Regel Nummer 1b: Wie beim alten Mastersystem üblich, verwenden wir zweistellige Zahlen. Die dazu passenden Buchstaben werden zuerst mit den Mitlauten a, e, i, o und u ergänzt, damit ein Wort entsteht. Alle Wörter des Mastersystems müssen anschaulich und leicht verständlich sein, um von Kindern und Jugendlichen benutzt werden zu können.

Nehmen wir uns einmal die 30 vor. Die Buchstaben hierzu lauten: M und D. Diese ergänzt man noch um zwei Vokale und erhält das Wort »<u>M</u>a<u>d</u>e«. Da wir uns immer nur mit zweistelligen Zahlen beschäftigen, können auch längere Wörter verwendet werden. So steht z.B. das Wort »<u>M</u>o<u>nd</u>« für die 32 und der Buchstabe »d« am Ende des Wortes wird nicht weiter benutzt. Der »<u>B</u>a<u>d</u>eman- tel« steht dann für die 80 – auch wenn es sich um ein längeres Wort handelt. Auf jeden Fall sind es anschauliche und bekannte Begriffe, denn eine Made, den Mond oder einen Bademantel kennt jedes Kind!

An dieser Stelle endete das bisherige Mastersystem, aber das neue System startet hier erst richtig durch:

Regel Nummer 2 (neu): Es ist bekannt, dass Gedächtnistraining so gut funk- tioniert, weil unser Gehirn bildliche Informationen sehr schnell aufnehmen kann. Deshalb kann das neue Twin-System nicht nur über Buchstaben, sondern zu- sätzlich auch über Bilder hergeleitet werden. Die 100 Wörter wurden so aus- gewählt, dass sie sich auch im Bild des jeweiligen Wortes wiederfinden lassen.

Schau dir einmal das Bild der Made an. Durch die Buchstaben steht »<u>M</u>a<u>d</u>e« für die Zahl 30. Die 30 ergibt sich aber auch aus der Form des Bildes. Zur Vereinfachung ist die Zahl immer deutlich markiert.

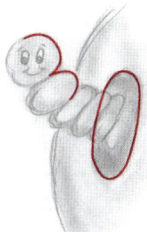

Das Ziel ist, dass du mit etwas Fantasie in der Zahl 30 sofort die Made erkennst. Dein Gehirn hat hierdurch einen enormen Vorteil: Die Worte des Twin-Systems können bildlich erinnert werden. Wenn das für dich anfangs noch etwas unge- wohnt ist, dann kannst du gleichzeitig die Buchstabenherleitung benutzen.

Der Vorteil liegt aber nicht nur im leichten Beherrschen der 100 Ersatzbilder, sondern auch in der gewonnenen Schnelligkeit. Wenn du bereits in der Zahl 30 eine Made sehen kannst, dann muss dein Gehirn keinen zusätzlichen Denkauf- wand vollbringen, um die Buchstaben zu übersetzen.

Handy-PINs und andere Codes

Ich bin fest davon überzeugt, dass Gedächtnissportler mit diesem neuen System bei kommenden Meisterschaften sehr weit vorne landen können. Vielleicht ist es ein gutes Zeichen, dass dem Wort Twin auch das englische Wort »to win« ähnelt. Aber auch im normalen Alltag ermöglicht es eine sehr gute und leichte Anwendbarkeit.

Beginnen wir nun erst einmal ganz vorsichtig und wenden uns einer Handy-PIN zu. Diese hat vier Stellen und kann also gut in zwei Ersatzbilder aus dem Twin-System umgewandelt werden. Vielleicht lautet die Geheimzahl für dein neues Handy 7407. Die Zahl 74 steht für die Buchstaben LK und wird laut Twin-System in das Wort Luke umgewandelt. 07 (DL) steht entsprechend für den Delfin. Um dir die Geheimnummer merken zu können, stell dir einfach vor, dass sich auf deinem Handy eine Luke öffnet, aus der ein Delfin schaut. Diese kleine Geschichte wird dir immer wieder schnell einfallen. Überlege dir nun zu deiner echten PIN eine passende Geschichte. Die Begriffe des Twin-Systems findest du übrigens in Anhang A.

Wenn du es selbst ausprobiert hast, kannst du deinen Eltern diesen Tipp für ihre Kreditkarten erklären. Dafür sind sie dir bestimmt dankbar.

Übe nun am besten diese Verknüpfungen einige Male und denk dir dazu vier kleine Geschichten aus. Achte aber bitte darauf, dass du die Geschichten immer dort beginnen lässt, wo die PIN benötigt wird (also bei der Tür, der Kreditkarte, dem Tresor oder dem Handy).

	Wort 1 (Ziffer 1+2)	Wort 2 (Ziffer 3+4)
Handy-PIN: 9426	_____	_____
Kreditkarte: 8679	_____	_____
Tresor-Code: 3458	_____	_____
Türcode: 9308	_____	_____

Hinweis: Nutze für diese Übung Anhang A hinten im Buch.

So, bist du fertig? Dann deck jetzt die Seite ab und versuch dich an alle Geheimcodes zu erinnern und sie aufzuschreiben.

Nehmen wir nun einmal an, dass du dir eine längere Nummer, z. B. die Telefonnummer vom Pizzabringdienst, merken möchtest. Der Bringdienst befindet sich im selben Ort, deshalb brauchst du keine Vorwahl. Die Telefonnummer ist achtstellig und lautet: 27395152. Im ersten Schritt zerlegst du die Nummer in zweistellige Zahlen und bildest mithilfe der Ersatzbuchstaben die dazugehörigen Wörter aus dem Twin-System:

$$27 \text{ (NL)} = \text{Nilpferd}$$
$$39 \text{ (MP)} = \text{Moped}$$
$$51 \text{ (ST)} = \text{Sattel}$$
$$52 \text{ (SN)} = \text{Sanduhr}$$

Bevor du hieraus eine etwas längere Geschichte baust, ist noch eine Vorbemerkung wichtig: Es muss immer ein Begriff mit dem direkt nachfolgenden verknüpft werden. Ansonsten besteht bei der Wiedergabe Gefahr, dass die Reihenfolge durcheinandergerät. Der folgende Satz berücksichtigt diese Regel: *Das Nilpferd fährt Moped, auf dem ein Sattel liegt, an dem eine kleine Sanduhr hängt.*

Die folgende Geschichte wäre eher nicht so gut: *Das Nilpferd fährt Moped, auf dem ein Sattel liegt. Dann fährt das Moped gegen eine Sanduhr.*

Warum? Hier wird das Wort Moped mit zwei unterschiedlichen Begriffen verknüpft. Zuerst mit dem Sattel und dann mit der Sanduhr. Wenn du dich einige Tage später wieder daran erinnern möchtest, kann es passieren, dass der Sattel komplett in Vergessenheit geraten ist und du nur noch die Begriffe Nilpferd (27), Moped (39) und Sanduhr (52) herleiten kannst. Unter dieser Telefonnummer würdest du den Pizzabringdienst bestimmt nicht erreichen und müsstest Kohldampf schieben. Es

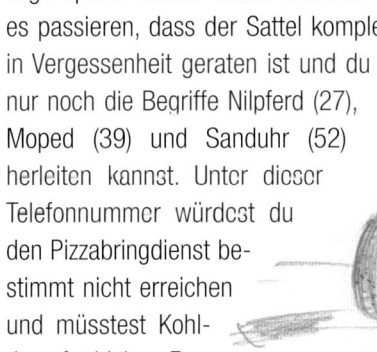

kann also möglicherweise Hunger verursachen, wenn du die Gedächtnistechniken nicht korrekt beherrschst. Vielleicht denkst du jetzt, dass dieser Gedanke doch etwas abwegig ist, weil du die Nummer vom Bringdienst auch auf anderem Wege herausbekommen könntest? Das Telefonbuch oder die Auskunft hätten dir bestimmt weiterhelfen können? Das stimmt natürlich! Man muss immer kritisch prüfen, ob man die Gedächtnistechniken auch durch andere Hilfen ersetzen kann. Der Nummernspeicher deines Telefons hilft dir bestimmt, viel Zeit und Gehirnschmalz zu sparen. Auch ich bin ein Freund davon, die Gedächtnistechniken nur dann anzuwenden, wenn es unser Leben vereinfacht.

Überleben im Labyrinth

Es wäre aber auch eine andere Situation denkbar, in der dir weder die Telefonauskunft noch dein Handyspeicher weiterhelfen können: Vielleicht hast du schon mal in einem richtigen Labyrinth gestanden. In den riesigen Parkanlagen berühmter Adelshäuser wurden früher solche Irrgärten angelegt, damit sich die Gäste etwas amüsieren konnten. In der Mitte des Labyrinths befand sich häufig ein kleiner hölzerner Aussichtsturm, und es war oft recht leicht, dorthin zu gelangen. Die besondere Schwierigkeit bestand aber darin, wieder herauszufinden. Immer wieder landete man beim Aussichtsturm im Zentrum oder am Ende einer Sackgasse. Auch heute noch befinden sich viele der Labyrinthe in sehr gutem Zustand, und gerade bei schönem Wetter irren jede Menge Familien darin herum. Wenn du ebenfalls mitirren möchtest, dann lies nicht weiter.

Wenn du aber schnell und ohne Hungergefahr das Labyrinth wieder verlassen willst, dann habe ich einen Tipp für dich! Man muss sich bereits den Weg in das Labyrinth hinein einprägen. Kommt man an eine Kreuzung oder Abzweigung, dann muss man sich für eine bestimmte Richtung entscheiden. Geht man geradeaus weiter oder biegt man ab? Jede Entscheidung prägt man sich mithilfe des Zahlensystems ein.

nach links bedeutet: 1
geradeaus bedeutet: 2
nach rechts bedeutet: 3

Erst nach links und dann am nächsten Abzweig nach rechts bedeutet also 13. Jetzt kannst du gleich im Twin-System nachschauen, welcher Ersatzbegriff für die 13 (= TM) verwendet wird. Es ist die Tomate. Auf deinem Weg durch das Labyrinth prägst du dir also nacheinander die verschiedenen Wörter ein, die die Richtungsangaben in sich verschlüsselt haben. Dies könntest du wieder mit einer kleinen Geschichte machen. Für den Rückweg musst du dann die Richtungen umdrehen. Da du nun von der anderen Seite kommst, steht die 1 für rechts abbiegen, und die 3 bedeutet links herum. Bei der Ziffer 2 ändert sich aber nichts.

Suche den Weg vom Aussichtsturm aus dem Labyrinth!

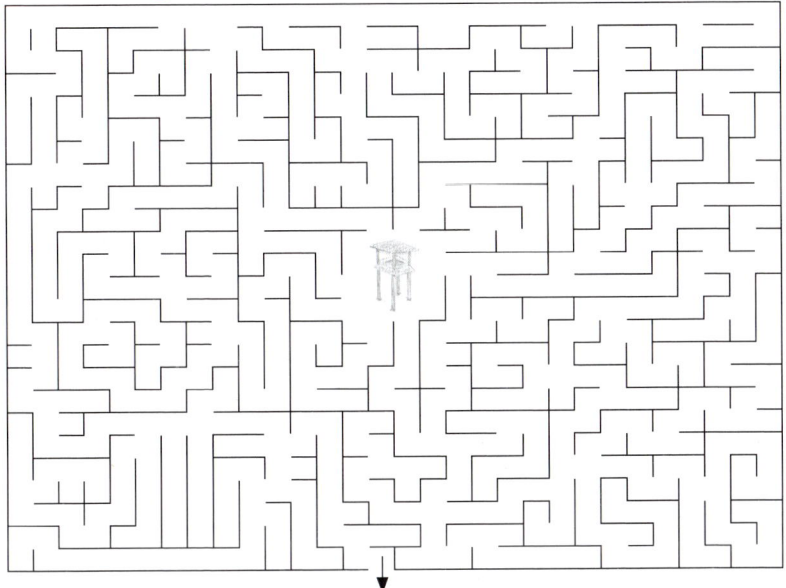

Allerdings gibt es bei der Geschichtenmethode zwei relativ große Nachteile. Der erste Nachteil ist, dass du dich für den richtigen Rückweg an die Geschichte auch rückwärts erinnern musst. Das wird dir mit Sicherheit nicht leichtfallen. Zweitens besteht die Geschichte nur aus wenigen Begriffen, die wieder und wieder darin auftauchen. Schließlich können sich lediglich 3 · 3 = 9 verschiedene Kombinationen ergeben: Die Richtungen Geradeaus, Rechts und Links werden jeweils nur mit sich selbst oder mit den anderen beiden Richtungsangaben kombiniert.

In unserem Beispiel bietet sich deshalb statt der Geschichtenmethode eine andere Methode an, die dir in diesem Buch noch öfter begegnen wird. Bei der sogenannten Loci-Methode werden gedankliche Spaziergänge unternommen. An den Stellen, an denen man während dieser Spaziergänge vorbeikommt, merkt man sich die jeweiligen Informationen. Gerade bei dieser Methode sind Begriffe, die sich oft wiederholen, nicht tragisch. Durch die verschiedenen Orte ist bereits eine sehr gute Vielfalt gegeben.

Wenn du mit der Loci-Technik noch nichts zu tun hattest, dann klingt die Beschreibung für dich bestimmt erst einmal sehr verwirrend. Im Kapitel 9 findest du aber hierzu eine ausführliche Beschreibung.

Hier meldet sich dein Gehirn:

»Kennst du die Rechte-Hand-Regel für ein einfaches Labyrinth? Lass dich immer von der Wand rechts neben dir leiten. Du folgst also den Abzweigen nach rechts, während du Abzweige nach links ignorierst. Solltest du irgendwann merken, dass du trotz der Regel im Kreis läufst, dann wechsele einfach zur Linke-Hand-Regel. Die meisten Labyrinthe kannst du hiermit schnell bezwingen.«

Übung macht den Meister

Egal, ob du dir nun den Weg aus einem Labyrinth, eine Telefonnummer oder andere Zahlen einprägen möchtest – du landest immer wieder beim Twin-System. Natürlich macht es etwas Arbeit, sich die 100 verschiedenen Ersatzbegriffe einzuprägen. Ich möchte dir dazu noch einen Tipp mit auf den Weg geben: Benutze zum Lernen am besten Karteikarten. Für jede zweistellige Zahl benötigst du eine eigene Karte. Du kannst die Karten mischen, in verschiedene Stapel unterteilen und somit das Lernen besser strukturieren. In Kapitel 11 wird noch näher auf das Karteikartensystem eingegangen. Ich verspreche dir, dass sich der Aufwand lohnt!

Wenn du das System einigermaßen beherrschst, dann solltest du im Alltag Ausschau nach zweistelligen Zahlen halten und diese schnellstmöglich in das passende Ersatzwort umwandeln. Egal, ob es sich um Autokennzeichen, Telefonnummern oder Preise handelt – nutze sie für deinen Zweck!

Selbst über das Rechnen kann man das Twin-System üben. Hierzu findest du noch einige Aufgaben, bei denen statt Zahlen die Ersatzwörter gegeben sind und du das Ergebnis auch wieder als Wort notieren sollst. Bitte löse zum Abschluss des Kapitels die Aufgaben, damit du mit dem Twin-System besser vertraut wirst.

Ein Beispiel: Gesucht ist die Summe von Magnet + Netz = ?

Magnet (MG = 36) + Netz (NT = 21) = 57 = SL = Salzstreuer
Die gesuchte Lösung lautet also Salzstreuer!

Daumen	+	Nudeln	=	_____
Kettensäge	–	Tomate	=	_____
Doktor	·	Tatze	=	_____
Kobra	:	Tintenfisch	=	_____

Wenn du anschließend alle vier Ergebnisse addierst (natürlich nicht die Wörter, sondern die entsprechenden Zahlen), so müsste sich ein »Papierkorb« daraus ergeben!

Zusammenfassung:

- In diesem Buch wird erstmals das neue Twin-System vorgestellt. Es enthält viele Vereinfachungen und kann sowohl über Buchstaben als auch über Grafiken hergeleitet werden.
- Für jede zweistellige Zahl von 00 bis 99 gibt es einen Ersatzbegriff.
- Die Ersatzbegriffe des Twin-Systems können über die Geschichtenmethode, aber auch über die Loci-Methode memoriert werden.
- Der aktuelle Weltrekord im Merken einer Zahl liegt bei über 400 Stellen in 5 Minuten!
- Alle Begriffe des Twin-Systems werden als Grafiken im Anhang ab Seite 266 gezeigt.

7. Warum braucht deine Oma bald keine Einkaufsliste mehr (funktioniert natürlich auch bei deinem Opa)? (Schwierigkeitsgrad *)

In diesem Kapitel geht es um ein wichtiges Thema, von dem jeder Mensch – auch du – irgendwann einmal betroffen ist: das Altwerden. Viele sind der Meinung, dass alte Menschen langsamer denken und vergesslicher sind. Natürlich können junge Gehirne schneller etwas auswendig lernen. Aber das langsame Denken älterer Menschen liegt meist weniger an einer nachlassenden Gedächtnisleistung. Viel schlimmer ist, dass ihr Gehirn oft wegen mangelnder Übung einrostet. Kennst du den Spruch: »Wer rastet, der rostet«? Solange man berufstätig ist, begegnet man täglich neuen Situationen und erhält jede Menge Hirnfutter. Man stößt auf schwierige Probleme, für deren Lösung der eigene Grips schon etwas angestrengt werden muss. Später im Ruhestand aber sind die Herausforderungen nicht mehr so groß, und der Kopf wird bequem. Deshalb ist es ganz wichtig, auch als Rentner sein Gehirn weiter zu beschäftigen. Es soll schließlich noch viele Jahre gut und verlässlich funktionieren. Könnte das Gedächtnistraining hier weiterhelfen?

Der Einkaufszettel in Omas Kopf

Wenn du schon einige Kapitel gelesen hast, dann sind dir bereits verschiedene Gedächtnistricks bekannt. Sie funktionieren aber nicht nur bei jungen Menschen, sondern auch bei älteren. Du könntest deshalb deine Oma (oder deinen Opa) mit einigen Tipps wirklich unterstützen. Der einfachste Weg ist dabei immer eine kleine praktische Übung. Deshalb findest du in diesem Kapitel eine Einkaufsliste, die deine Oma nun auswendig lernen sollte. Vielleicht kannst du sie auch zu einer Wette überreden: Wenn du ihr die Liste in weniger als fünf Minuten beibringen kannst, spendiert sie dir zur Belohnung ein Eis. Allerdings kann es wohl sein, dass deine Oma noch nie etwas von den Gedächtnistechniken gehört hat. Bevor du mit ihr die Einkaufsübung machst, erzähle ihr am besten kurz von den Vorteilen lustiger Merkgeschichten. Das Gehirn kann sich ungewöhnliche Dinge besser merken, und es macht auch viel Spaß, eigene Fantasie in die Geschichten zu packen. Bestimmt hast du dann gleich das Interesse deiner Oma geweckt, und sie passt noch besser auf. Das erhöht deine Chance auf das Eis!

Natürlich könnte sich deine Oma die Einkaufsliste auch aufschreiben, aber du willst ja ihr Gehirn ein wenig trainieren. Also besteht die Aufgabe darin, sich die Liste zu merken. Zuerst einmal solltest du deiner Oma die einzelnen Sachen kurz vorlesen:

2 Stück Seife	500 Gramm Tomaten
1 Brot	1 Kilogramm Apfelsinen
1 Stück Butter	1 Liter Milch
1 Glas Marmelade	2 Liter Apfelsaft
200 Gramm Wurst	1 Tube Zahnpasta

Schaut euch nun gemeinsam die folgende Merkgeschichte an. Dabei könnt ihr natürlich auch Änderungen vornehmen. Die Geschichte ist in der Reihenfolge aufgebaut, in der ein normales Abendessen ablaufen könnte. Natürlich wollen wir uns auch gleich die Menge der einzelnen Produkte merken – vor allem, wenn es mehr als ein Liter, ein Stück oder ein Beutel ist. Schließlich soll am Schluss weder zu wenig noch zu viel im Einkaufskorb landen.

Und los geht's: Vor dem Essen sollte deine Oma bitte das Händewaschen nicht vergessen. Da sie zwei Hände hat, stehen **zwei Stück Seife** auf der Einkaufsliste! Dann setzt sie sich in Gedanken vor den leeren Teller und legt eine Scheibe **Brot** darauf. Diese Scheibe bestreicht sie mit **Butter**. Weil sie gerne Süßes mag, kommt natürlich **Marmelade** darauf. Lecker! Die zweite Scheibe wird mit **Wurst** belegt. Ihr fällt gleich die richtige Menge von 200 Gramm ein, denn es handelt sich ja um die zweite Schnitte. Bestimmt besteht keine Gefahr, dass deine Oma am Fleischerstand 20 Gramm oder gar 2000 Gramm verlangen würde. Damit das Wurstbrot nicht nur gut schmeckt, sondern auch noch lecker aussieht, kommen als Dekoration fünf Scheiben **Tomaten** darauf. Die Menge fünf gibt uns den Hinweis auf 500 Gramm. Wenn sich deine Oma vielleicht nicht daran erinnern kann, wie viele Scheiben es waren, dann bau noch eine Absicherung ein: Wenn sie die köstliche Schnitte gegessen hat, leckt sie sich heimlich alle fünf Finger ab! Trotzdem ist sie noch nicht ganz satt und verspeist genüsslich eine **Apfelsine** zum Nachtisch.

Auf einmal bekommt sie fürchterlichen Durst. Sie trinkt gleich zwei Gläser hintereinander: Zuerst ein Glas **Milch**. Das zweite Glas füllt sie mit **Apfelsaft** (weil es das zweite Glas ist, erinnert sie sich daran, dass zwei Liter eingekauft werden sollen). So, nun ist sie satt und nicht mehr durstig. Doch eines fehlt noch: Nach dem Essen sollte sie ihre Zähne putzen – hierfür braucht man: **Zahnpasta**!

Ich denke, dass du bereits nach dem ersten Lesen die Einkaufsliste ohne Probleme aufsagen könntest. Aber schließlich ist deine Oma schon etwas älter, deshalb darf sie die Geschichte ein zweites Mal lesen. Danach drückst du ihr einen Stift in die Hand und bittest sie, alle zehn Dinge aufzuschreiben, an die sie sich später im Supermarkt erinnern muss. Natürlich sind auch die Mengen wichtig!

_____   _____

_____   _____

_____   _____

_____   _____

Jetzt darfst du für deine Oma die Auswertung übernehmen. Bestimmt ist ihr der größte Teil eingefallen. Vielleicht sogar alles? Wenn sie sich an ein oder zwei Dinge nicht mehr erinnern konnte, dann hatte bei ihr die Geschichte an diesen Stellen eine kleine Lücke. Das Beste wäre nun, wenn du ihr noch nicht gleich die fehlenden Dinge nennst. Gib ihr lieber kleine Hinweise, damit sie selbst auf die Lösung kommt (oder magst du etwa das Eis nicht mehr?). Es soll aber nicht nur um das Eis gehen, bestimmt ist deine Oma großzügig und spendiert dir hinterher sowieso eines – egal, wie das Ergebnis aussieht. Viel wichtiger ist, dass sie am Ende der Übung merkt, wie ihr die Geschichte geholfen hat, und dass sie motiviert ist. Schließlich wollen wir sie dabei unterstützen, ihr Gehirn regelmäßig herauszufordern. Sie soll möglichst lange fit im Kopf bleiben, damit du noch jede Menge Spaß mit ihr zusammen haben kannst.

Hier meldet sich dein Gehirn:

»Ich habe einen guten Tipp für deine Oma oder deinen Opa: Sie sollen sich im Ruhestand eine Beschäftigung suchen, die ihnen richtig Spaß macht und ihr Gehirn etwas fordert. Viele ältere Menschen lösen in ihrer Freizeit Kreuzworträtsel. Das ist aber gar nicht so toll, weil hier nur bestehendes Wissen abgefragt wird. Viel wichtiger für das Gehirn sind neue Informationen. Richtig super ist z. B. das Lesen von spannenden, interessanten Büchern. Das Gehirn wird dann mit neuen Eindrücken geradezu bombardiert und am Laufen gehalten. Außerdem trainieren ältere Menschen hierdurch auch wieder ihre Konzentration.«

Sport ist kein Mord ...

Für ältere Menschen ist noch ein anderer Punkt wirklich wichtig. Es reicht nicht aus, regelmäßig etwas für das Gehirn zu tun. Man muss auch körperlich fit sein. Untersuchungen haben nämlich ergeben, dass körperliche und geistige Fitness miteinander zusammenhängen. Regelmäßige Bewegung führt also zu einer besseren Gedächtnisleistung (übrigens auch bei jungen Menschen!). Es ist ganz klar, dass deine Oma keine Weltrekorde aufstellen kann, und sie sollte das auch gar nicht versuchen. Trotzdem sind persönliche Ziele wichtig. Sie kann sich zum Beispiel vornehmen, anfangs 10 Minuten auf einem Fahrradergometer durchzuhalten. Vielleicht kennst du die Geräte, bei denen man in die Pedale tritt und doch immer auf derselben Stelle bleibt. Nach und nach wird dann die

Dauer verlängert, so dass deine Oma am Ende vielleicht schon 30 Minuten oder mehr täglich durchhält. Auch Schwimmen ist für diesen Zweck sehr gut geeignet. Natürlich geht es hier nicht um Rutschen, Toben im Wasser oder andere Dinge, die du gern magst. Für deine Oma ist es wichtig, ihre Ausdauer zu trainieren und mehrere Bahnen hintereinander im Sportbecken zu schwimmen. Auch beim Schwimmen kommt es nicht auf die Geschwindigkeit an, sondern darauf, dass sie von Mal zu Mal etwas länger durchhält. Wenn sie sich unsicher ist, mit welchen Belastungen sie anfangen sollte, dann kann sie am besten ihren Doc fragen. Schließlich ist sie ja nicht mehr so jung und fit wie du!

… und Namen sind nicht Schall und Rauch

Kommen wir aber wieder zurück zum Gedächtnistraining. Es geht darum, sich besser die Gesichter und Namen von anderen Menschen zu merken. Ich vermute, dass dich dieses Thema eher nicht interessiert. Die Gesichter deiner Freunde und Lehrer kennst du – der Rest ergibt sich eben. Für Erwachsene und damit auch ältere Menschen ist es aber schon wichtig, sich an Namen und an die dazugehörigen Gesichter zu erinnern. Du kannst deiner Oma mit diesem Tipp also wirklich weiterhelfen.

Deine Oma sollte wissen, wie die neuen Nachbarn von nebenan aussehen oder wie der Friseur heißt, der ihr beim letzten Mal die Haare so toll geschnitten hat. Vergisst sie den Friseur, dann könnte eine weniger schöne Frisur die Folge sein. Der Fehler ließe sich verkraften, denn die Haare wachsen wieder nach. Vergisst sie dagegen immer wieder die Gesichter der neuen Nachbarn, dann ärgern die sich bestimmt darüber. Vielleicht hätte sich ansonsten eine tolle Freundschaft mit ihnen ergeben. Aber diese Chance wäre dann vermutlich vorbei.

Also solltest du deiner Oma zur Sicherheit erklären, wie man sich die Gesichter und die dazugehörigen Namen besser einprägt. Zuerst schaut man sich den

Namen der Person an. Das Behalten von Namen fällt leichter, wenn man versteht, wie sie sich vor vielen Jahrhunderten entwickelt haben. Früher gab es nur einen Rufnamen, also den Vornamen. Die Leute hießen z. B. Johannes, Maria, Karl oder Anna. Im Laufe der Zeit nahm aber die Anzahl der Menschen stark zu, es wurden mehr Kinder geboren, und die Menschen lebten länger. Viele Familien zogen vom Land in die immer größer werdenden Städte. Es war auf einmal nicht mehr klar, welcher Johannes gemeint war, weil ja in der Nähe mehrere so hießen. Deshalb wurden bereits ab dem 12. Jahrhundert Beinamen geschaffen und an die Vornamen gehängt. So wusste man gleich, von wem die Rede war: Johannes der Schmied, Johannes aus dem Tal oder der reiche Johannes. Heute heißen die Nachkommen dieser drei: Familie Schmidt, Familie Tal, Familie Reich. Auch wenn Familie Reich inzwischen vielleicht völlig arm ist, bleibt der Name, denn er wird immer weiter vererbt.

Es gibt also Namen, die etwas mit einem Beruf zu tun haben (wie Schmidt, Fischer, Müller, Schneider usw.). Eine weitere Gruppe der Nachnamen bezeichnet den Ort, von dem jemand kam (Tal, Bach, aber auch Städte wie Berlin). Die dritte Gruppe hatte mit einer Eigenschaft zu tun (Reich, Lange, Klein, Groß). Natürlich gab es auch noch andere Möglichkeiten, so bekam man schnell mal den Nachnamen Frank verpasst, weil der eigene Papa Frank hieß und er noch keinen Beinamen hatte. Viele Namen lassen sich deshalb leicht merken, und manche sind wirklich etwas ganz Besonderes: Herr Frühbrodt ist wohl frühmorgens immer mit einem knurrenden Magen aufgewacht und hat schnell etwas gegessen. Herr Schimmelpfennig war so geizig, dass seine Münzen schon Schimmel angesetzt hatten.

Nachdem deine Oma nun die Quelle der Nachnamen kennt, muss sie mit dem Namen und dem Gesicht der Person eine kleine Geschichte entwickeln. Ich habe dir und deiner Oma hierzu zwei Beispiele vorbereitet. Das erste Foto ist von meiner eigenen Oma. (Das stimmt wirklich!)

Das ist meine Oma.
Name: Elisabeth Löscher

Zuerst schauen wir uns den Nachnamen an. Er hat etwas mit »Löschen« zu tun, und wir bauen genau diesen Begriff in die Merkgeschichte ein. Stell dir einfach vor, dass auf ihrem Kopf ein großer Feuerwehrhelm sitzt und sie gerade von einem Löscheinsatz gekommen ist. Was sie gelöscht hat? Ganz klar, natürlich den Palast der britischen Königin Elisabeth. Schon hat man auch den Vornamen abgespeichert.

Für die Wiedergabe muss man sich nur daran erinnern, dass die alte Dame einen Feuerwehrhelm auf dem Kopf trug. In den allermeisten Fällen klappt das auch, denn unser natürliches Gedächtnis ist ja auch noch da. Angenommen, deine Oma prägt sich mit solchen kleinen Geschichten die Namen von zehn Personen ein. Selbst wenn es bei zwei oder drei Personen nicht sofort »Klick« macht, bei dem größten Teil der Leute kommt sie über die Merkgeschichte schnell zum kompletten Namen.

Wenn sie mit Vornamen überhaupt keine Probleme hat, dann könnte sie sich auch den folgenden kleinen Reim merken: *Elisabeth, sei so nett. Lösche schnell den Brand im Bett!* Von »Lösche« kommt sie dann auf Löscher. Allerdings nützt deiner Oma der Reim nur dann etwas, wenn ihr zumindest der Vorname Elisabeth einfällt.

Beim nächsten Foto könnt ihr selbst einmal überlegen. Der abgebildete Mann heißt Ernst Behrendt. Denk dir zusammen mit deiner Oma eine kleine passende Geschichte aus, die ihr wieder in seinem Gesicht oder auf dem Kopf beginnen lasst.

Name: Ernst Behrendt
Merkwort für Nachnamen:

_____

Wenn euch gar nichts einfällt, dann mache ich euch diesen Vorschlag für eine Geschichte: Irgendjemand hat dem älteren Herrn einen Streich gespielt und lauter Beerenzweige über seine Ohren gehängt. Deshalb schaut er wirklich ganz schön ernst. Wenn ihr das Foto demnächst wieder anseht, müsst ihr euch nur an die Beeren über seinen Ohren erinnern. Der Rest der Geschichte und der komplette Name (Beeren = Behrendt) fällt euch dann sicher schnell ein. Solltet ihr nicht auf den Nachnamen kommen, dann gibt es meistens noch einen anderen Weg, den Nachnamen zu zerlegen: Behrendt klingt auch fast so wie »Bär rennt«. Also ist der Herr deshalb so ernst, weil ihm über seine Nase ein kleiner, aber gefährlicher Bär rennt? Schon habt ihr eine andere Geschichte.

Damit einem solche Geschichten schnell in den Sinn kommen, muss man üben. Am besten sollte deine Oma mit den Personen anfangen, die sie sehr gut kennt. Das Vorgehen ist immer das Gleiche und wird ihr von Mal zu Mal leichter fallen. Schließlich hat man in manchen Situationen nur wenig Zeit – gerade wenn man mehrere Menschen auf einmal kennenlernt.

Es gibt also Mittel und Wege, mit seinem Gedächtnis im Alter gut zurechtzukommen. Natürlich stelle auch ich mir immer wieder die Frage, wie ich später – als alter Mensch – noch lange geistig fit bleiben kann. Neben Gedächtnistraining und Lesen habe ich noch ein weiteres Hobby: das Schachspielen. Da ich natürlich nicht gegen mich selbst spielen kann und oft gerade kein Gegner zur Verfügung steht, habe ich mir einen Schachcomputer angeschafft. Ich kann den gewünschten Schwierigkeitsgrad einstellen und mir dann mit dem Computer harte Duelle auf dem Schachbrett liefern. Warum sollte ich damit im Alter aufhören? Dann geht es erst richtig los! Ich habe mehr freie Zeit und werde den Schachcomputer richtig schwitzen lassen! Wenn Schach für deine Oma aber eher uninteressant ist, dann mag sie vielleicht Gedichte? Oder spielt sie sogar in einer kleinen Theatergruppe mit? Auch diese Hobbys bringen viel Spaß – vor allem, wenn man die Texte auswendig lernt und anderen vorträgt. Möchtest du wissen, wie die Gedächtnistechniken auch beim Auswendiglernen von Gedichten oder Texten weiterhelfen können? Dann schau dir das Kapitel 13 an.

Zusammenfassung:
- Auch bei älteren Menschen funktionieren die Gedächtnistechniken. Eine Einkaufsliste können deine Oma oder dein Opa am besten über eine ausgedachte Geschichte auswendig lernen.
- Regelmäßiger Sport trainiert nicht nur Ausdauer und Fitness, sondern hilft auch dem Gehirn bei seiner Arbeit.
- Um sich den Namen eines Menschen besser merken zu können, muss man für den Nachnamen ein Ersatzwort finden, mit dem dann eine kleine Geschichte gebildet wird.
- Ein Denkhobby – wie Gedichtelernen oder Schachspielen – hält die Gehirne deiner Großeltern noch lange fit.

8. Wie merkst du dir die Geburtstage deiner besten Freunde? (Schwierigkeitsgrad *)

Monate + Tage = Geschenke

Einmal im Jahr darf jeder von uns Geburtstag feiern und einen ganz besonderen Tag verleben. Meistens freut man sich darauf und ist traurig, wenn der Geburtstag wieder vorbei ist. Nur manche Erwachsene wollen am liebsten nicht älter werden. Am schlimmsten sind für sie runde Geburtstage, wie z.B. der Fünfzigste. Dabei ist diese Einstellung echt blöd, denn alt wird jeder – und das von ganz allein. Warum soll man sich deshalb seinen Ehrentag vermiesen, wenn man doch so viel Spaß dabei haben kann? Das Schönste an einem Geburtstag ist es doch, wenn viele nette Menschen daran denken und dir gratulieren. Natürlich freust du dich als Geburtstagskind auch über möglichst viele Geschenke. Aber wie traurig wäre es doch, wenn die Freunde oder Tante und Onkel deinen ganz besonderen Tag vergessen hätten. Genauso geht es natürlich auch deiner besten Freundin oder deinem besten Freund, wenn du selbst wieder einmal etwas vergesslich warst und nicht gratuliert hast.

In diesem Kapitel findest du deshalb einige Tipps, wie du dir Geburtstage besser merken kannst. Die nächsten Seiten liest du also nicht für dich, sondern eigentlich für deine Freunde! Du kannst ihnen anschließend aber gern die Tricks verraten, dann kannst auch du immer rechtzeitig Glückwünsche entgegennehmen.

Wenn du dir Geburtstage merken möchtest, hast du es mit zwei unterschiedlichen Informationen zu tun: Es gibt 12 verschiedene Monate mit bis zu 31 Tagen je Monat.

Leider sind beide Informationen für unser Gehirn nicht immer leicht zu speichern. Die Monatsnamen halten für unsere grauen Zellen wenig Besonderes bereit, und die trockenen, langweiligen Zahlen prallen an unserem Gedächtnis fast komplett ab. Also müssen wir den Dingen etwas Leben einhauchen. Hierzu suchen wir uns zuerst für jeden Monat einen passenden Ersatzbegriff:

Monat	Ersatzbegriff
Januar:	Schnee
Februar:	Faschingsfest
März:	Felder werden gepflügt
April:	Ostereiersuche
Mai:	Neue Blätter an den Bäumen
Juni:	Erdbeeren
Juli:	Zeugnisausgabe
August:	Strandurlaub
September:	Kastanien
Oktober:	Laubhaufen
November:	Nebelschwaden
Dezember:	Weihnachtsfest

Es handelt sich dabei immer um Dinge, die man sich sehr gut bildlich vorstellen kann. Schließ die Augen und stell dir einen super Strand vor. Du hörst die Wellen leise rauschen, und das Meer ist angenehm warm. Dieses Bild ist viel einprägsamer als der Monatsname August, und man kann sich leichter daran erinnern. Für den Monat Oktober kannst du dir dagegen vorstellen, wie jemand immer wieder auf einem riesigen Laubhaufen herumhüpft und jede Menge Spaß dabei hat. Am besten schaust du dir nun noch einmal die Ersatzbilder für alle 12 Monate an und versuchst, dir dazu die typischen Situationen vorzustellen. Es fällt dir dann bestimmt nicht mehr schwer, im Anschluss alle 12 Ersatzbilder in Gedanken einmal aufzusagen!

Der zweite Schritt für ein tolles Geburtstagsgedächtnis ist das Behalten der Tageszahlen. Leider können aber Zahlen noch schlechter von unserem Gehirn abgespeichert werden als die Monate. Versuch dich hierzu doch einmal an dem folgenden Test. Du findest gleich eine 14-stellige Zahl, die du dir mit deinem normalen Gedächtnis merken sollst. Schau dir die Zeile zweimal hintereinander kurz an und deck sie anschließend zu. Um dein Kurzzeitgedächtnis auf eine harte Probe zu stellen, erledige direkt nach dem Einprägen bitte noch eine etwas verrückte Aufgabe: Laufe dreimal um deinen Stuhl und wechsle nach jeder Runde die Richtung. Das lenkt dich sehr gut ab, und du kannst überprüfen, wie sicher die Zahlen in deinem Kurzzeitspeicher sitzen. Erst dann darfst du die Zahlen aufschreiben. Und los geht's:

$$1\ 5\ 1\ 9\ 2\ 4\ 1\ 3\ 3\ 0\ 1\ 4\ 0\ 6$$

Ganz ehrlich: Die Zeile hatte es in sich, oder? Wenn du die Hälfte davon geschafft hast, bist du schon wirklich gut. Nun kommt der zweite Teil der Übung: Lies dir bitte ebenfalls zweimal die folgende Fantasie-Geschichte durch:

In einer Tasse liegt ein kleiner Teppich. Auf dem Teppich sitzt der Nikolaus und hält eine rote Tomate in der Hand. Auf der Tomate krabbelt eine Made. Die Made dirigiert mit einem Taktstock eine Digitaluhr.

Du kennst ja das Spielchen schon: Dreimal um den Stuhl laufen und dabei jedes Mal die Richtung wechseln. Dann überprüfe, an wie viele Dinge aus der Geschichte du dich erinnern kannst. Bestimmt sind dir nur wenige Wörter durch die Lappen gegangen.

Jetzt wirst du dich vielleicht fragen, warum wir eben noch Zahlen gelernt haben und auf einmal bei einer eigenartigen Kurzgeschichte landen. Die Lösung ist ganz einfach: Wir haben mithilfe des sogenannten **Twin-Systems** die Zahlen der letzten Zeile in Ersatzbilder umgewandelt. Das Twin-System wurde im ersten Kapitel schon einmal kurz vorgestellt. Eine ganz genaue Beschreibung findest du außerdem im Kapitel 6. Anhand der Form der Zahl wird ein Ersatzbuchstabe bestimmt:

Ziffer	0	1	2	3	4	5	6	7	8	9
Buchstabe	D	T	N	M	K	S	G	L	B	P

Also ergibt sich folgende Zuordnung aus der 14-stelligen Zahl:

1 5	1 9	2 4	1 3	3 0	1 4	0 6
T S	T P	N K	T M	M D	T K	D G

Im nächsten Schritt werden die Buchstaben zu Wörtern ergänzt, die sich viel leichter merken lassen. So wird beispielsweise aus der 30 (MD) die »Made«, es wurden lediglich ein »a« und ein »e« eingefügt. Aus der langen Zahl entstehen dann sieben Begriffe:

$$
\begin{aligned}
15 &= \text{TS} = \text{Tasse} \\
19 &= \text{TP} = \text{Teppich} \\
24 &= \text{NK} = \text{Nikolaus} \\
13 &= \text{TM} = \text{Tomaten} \\
30 &= \text{MD} = \text{Made} \\
14 &= \text{TK} = \text{Taktstock} \\
06 &= \text{DG} = \text{Digitaluhr}
\end{aligned}
$$

Wie du sehen kannst, wird nach der zweiten Stelle einfach aufgehört. Alle folgenden Buchstaben haben dann keine Bedeutung mehr, so dass z. B. im Wort »Tasse« das zweite »s« nicht weiter verwendet wird. Im Anhang dieses Buches findest du dann die vollständige Tabelle für alle Ziffern von 00 bis 99.

Bei dieser kleinen Übung hast du sicher bemerkt, dass das menschliche Gehirn sich viel leichter Gegenstände, Tiere und Personen merken kann als trockene Zahlenkolonnen. Erkennst du schon, welchen Sinn das Twin-System hat und welch großen Vorteil du hättest, wenn du es auswendig könntest?

Ein Nilpferd mag die Perücke von Mozart?

Nun kommen wir aber wieder zurück zu den Geburtstagen. Auch hier arbeiten wir mit solchen Geschichten und Ersatzwörtern, wobei es zwei Denkrichtungen gibt, die wir beim Aufbau unserer Fantasiegeschichten berücksichtigen müssen.

Erste Denkrichtung: Wir wollen uns daran erinnern, wann eine ganz bestimmte Person Geburtstag hat. Hier muss der Merksatz bei der Person oder einem auffälligen Merkmal von ihr beginnen.

Zweite Denkrichtung: Wir wollen wissen, wer in einem ganz bestimmten Monat Geburtstag hat. Hier fängt die Merkgeschichte mit dem Monat an.

Da ich deine Freunde nicht kenne und nicht weiß, wann sie Geburtstag haben, nehmen wir uns als Beispiel einmal den berühmten Komponisten Wolfgang Amadeus Mozart vor. Du hast bestimmt schon etwas von seiner weltbekannten Oper »Die Zauberflöte« mit dem Vogelfänger Papageno gehört. Mozarts Geburtstag ist am 27. Januar, daran wollen wir uns erinnern. Es handelt sich also um die erste Denkrichtung – von der Person zum Geburtstag. Das Geburtsjahr spielt hier noch keine Rolle. Da Mozart fast immer eine lockige Perücke trug, startet die Geschichte am besten auf dem Kopf des Komponisten:

Mozart versucht mit aller Macht, seine Perücke zu beschützen,
weil ein kleines Nilpferd diese immer wieder anknabbern möchte.
Deshalb steckt er seinen Kopf tief in den Schnee.

Das Ersatzwort »Nilpferd« steht im Twin-System für die Tageszahl 27 (schau am besten hierzu in der Tabelle im Anhang nach), und der Schnee ist unsere Verschlüsselung für den Januar. Schon haben wir uns den Geburtstag von Mozart gemerkt! Auf den ersten Blick erscheint die Geschichte doch etwas länger als das ursprüngliche Geburtsdatum. Unser Gehirn kann sich aber die Geschichte besser merken, und wir können uns auf diese Art auch mehr als nur ein Datum merken.

Bei den Geburtstagen deiner Freunde machst du es genauso. Du bildest für jeden einzelnen eine kleine Geschichte.

Die zweite Denkrichtung funktioniert genau andersherum. Hier geht es darum, sich an die Geburtstage eines bestimmten Monats zu erinnern. Eigentlich bedeutet dies sogar, dass du einen ganzen Kalender mit vielen Daten im Kopf behalten kannst. Du könntest die Geburtstage deiner Freunde, deiner Familie oder auch deiner Lehrer abspeichern und bräuchtest nie wieder einen Taschenkalender.

Wie das funktioniert, sollst du am Beispiel von fünf berühmten Persönlichkeiten kennenlernen, die du mit Sicherheit kennst. Alle wurden im Monat August geboren. Die Geburtsjahre spielen auch an dieser Stelle noch keine Rolle:

Barack Obama – 04. August (1961)
Napoleon Bonaparte – 15. August (1769)
Madonna – 16. August (1958)
Johann Wolfgang von Goethe – 28. August (1749)
Michael Jackson – 29. August (1958)

Für den Monat August benutzen wir als Ersatzbild den Strandurlaub. Zur Verschlüsselung der Tage suchen wir im bereits erwähnten Twin-System nach den Ersatzbegriffen:

04 – Doktor
15 – Tasse
16 – Tiger
28 – Nabelschnur
29 – Neptun

An unserem Fantasiestrand ist nun eine Menge zu entdecken. Am besten, du versuchst dir die Bilder kurz mit geschlossenen Augen vorzustellen, dann brennen sich die Szenen stärker in deinem Gedächtnis ein:

Der US-Präsident **Obama** tanzt mit einem **Doktor** Arm in Arm durch den Sand. Weil der Sand sehr tief ist, kostet dies relativ viel Kraft, und beide müssen sich immer wieder gegenseitig stützen.

Nebenan schaufelt jemand Sand mit einer kleinen **Tasse** in die Krempe seines großen Hutes. Es kann sich hier nur um den mächtigen Kriegsherrn **Napoleon** handeln, der so machthungrig ist, dass er der Besitzer von jedem einzelnen Sandkörnchen sein möchte. Natürlich rinnt ihm der Sand hinten wieder von seiner Hutkrempe herunter.

Ebenfalls im Sand liegt ein gefährlich aussehender Tiger, der sich mit seinem Fell genüsslich darin wälzt. Er brüllt sehr laut und gefährlich. Doch eine einzige Person ist mutig genug, um ihren Kopf in den Rachen des Tigers zu stecken und laut hineinzusingen. Es ist **Madonna**, die mit ihrem Gesang sogar das Brüllen des **Tigers** übertönt.

Hier meldet sich dein Gehirn:

»Damit du ein richtiger Gedächtnisprofi wirst, ist es wichtig, das Twin-System zu beherrschen. Eigentlich sind die 100 Wörter relativ schnell zu lernen. Manch einer hat aber trotzdem vor der großen Menge Respekt. Warum machst du dir das Leben nicht leichter und lernst erst einen Teil? Das Geburtstags-Kapitel beschäftigt sich nur mit Zahlen bis zur 31 (schließlich gibt es keinen 32. Januar!) Wenn du diese ersten 31 Zahlenbedeutungen beherrschst, kannst du immerhin bereits ein Drittel als erledigt abhaken.

Übrigens, auch bei anderem Lernstoff macht es Sinn, diesen in kleinere und überschaubarere Einheiten zu unterteilen.«

Ein paar Meter weiter schaut das Ende einer Nabelschnur aus dem Sand, und jemand fängt an, mächtig daran zu ziehen. Du stellst dir die Frage, wer das wohl sein mag? Natürlich der große Dichter Johann Wolfgang von **Goethe**, weil auf der **Nabelschnur** kleine Gedichte geschrieben sind, die Goethe gern lesen möchte. Mit seiner Hand wischt er den Sand ab, um die Wörter besser erkennen zu können.

Plötzlich hörst du jemanden laut um Hilfe rufen: Michael **Jackson** hat sich am Fuß verletzt. Als du genauer hinschaust, siehst du aus dem Sand die Harpune von **Neptun** ragen, an der sich Michael **Jackson** bei seinem berühmten Moonwalk verletzt hat. Natürlich machst du dir Sorgen, dass der Sand in die Wunde gelangen und sie entzünden könnte.

Mit diesem Wissen bist du nun ein wandelndes Kalenderblatt. Angenommen, es wäre gerade der 28. August und du überlegst, ob jemand deiner Freunde heute Geburtstag hat. Wenn du das Twin-System beherrschst, fällt dir der Ersatzbegriff für die 28 – die Nabelschnur – sofort ein. Na, hat es bei dir »Klick« gemacht? Hast du dich daran erinnert, wer an der Nabelschnur zog (und warum)? Prima, denn es würde deinen Deutschlehrer bestimmt sehr beeindrucken, wenn du ihn am 28. August darauf aufmerksam machst, dass Goethe Geburtstag hat.

Wäre es nun zwei Tage später – also der 30. August –, dann lautet der Ersatzbegriff Made (30 steht für MD). Du überlegst angestrengt, aber es fällt dir keine Geschichte hierzu ein. Das ist ein Zeichen dafür, dass an diesem Tag wohl keiner Geburtstag hat, den du kennst.

Wenn du dich noch intensiver mit dem Thema beschäftigst, werden dir vielleicht noch weitere Fragen durch den Kopf schwirren:

Kommt man durcheinander, wenn jemand z. B. am 28. Januar Geburtstag hat und die Nabelschnur nicht im Sand, sondern im Schnee steckt? Eigentlich kann das nicht passieren, wenn du deine Geschichten richtig vorbereitet hast. Im Januar wäre die Nabelschnur vor Kälte sicher ganz hart gefroren. Stattdessen aber musste Goethe den Sand von der Nabelschnur abwischen. Wenn du dir die Geschichten vom August nochmals anschaust, so wirst du entdecken, dass der Sand überall eine Rolle gespielt hat.

Oder du fragst dich, was passieren würde, wenn an ein und demselben Tag zwei oder gar drei Personen gleichzeitig ihren Geburtstag feiern? Nun, auch das wäre kein Problem. So würde beispielsweise am 16. August nicht Madonna allein ihren Kopf in den Rachen des Tigers stecken, sondern gemeinsam mit deinem Freund Max oder deiner Freundin Anna!

Als Letztes stellst du dir vielleicht noch eine ganz besondere Frage: Wie kann man am besten auch noch die Jahreszahlen zum Geburtstag behalten? Hierzu heben wir ausnahmsweise die Beschränkung des Twin-Systems auf und versuchen uns an einer Zahl, die mehr als zwei Stellen hat. Wir arbeiten aber weiterhin mit denselben Buchstaben-Zuordnungen der Ziffern 0 bis 9. Bei der Jahreszahl können wir auch noch eine Sache vereinfachen: Wir merken uns z. B. beim Geburtsjahr von Michael Jackson nicht die vollständige Jahreszahl 1958, sondern lediglich die drei rechten Stellen (958). Bei der Wiedergabe kommen wir hier glücklicherweise nicht durcheinander, denn Jackson kann weder im Jahr 958 noch im Jahr 2958 geboren worden sein. Wir verzichten deshalb auf die Verschlüsselung der ersten Stelle der Jahreszahl. Allerdings müssen wir daran denken, bei der Rückübersetzung des Schlüsselwortes die 1 wieder vorn an den Anfang zu setzen.

958 steht nun für die Buchstaben PSB, und wir könnten diese in dem Merkwort »Pausbacken« verschlüsseln (da wir drei Ziffern codieren wollen, spielen die Buchstaben nach dem »b« keine Rolle mehr).

Gehen wir also zurück zu unserem Beispiel am Strand. Michael Jackson hatte sich am Neptun-Spieß verletzt. Dir muss es jetzt nur gelingen, die Pausbacken zusätzlich in die Geschichte einzubauen. Vielleicht pustet er vor lauter Schmerz mit vollen Backen jede Menge Luft hinaus? Hiermit kannst du dich an sein vollständiges Geburtsdatum erinnern: Der Strand steht für August, das Wort Neptun für den 29. Tag, und Pausbacken steht für 1958 (denk bitte immer an die 1 vor der Zahl).

Wer braucht schon einen Kalender?

Mithilfe der beschriebenen Merktechniken und des papierlosen Kalenders in deinem Kopf kannst du auch ein gemeinsames Spiel mit deinen Freunden organisieren, an dem aber mindestens zehn Mitschüler teilnehmen sollten. Vielleicht macht sogar die ganze Klasse mit! Ihr tauscht untereinander aus, wann ihr Geburtstag habt, und versucht dann, an den betreffenden Tagen auf jeden Fall an das Gratulieren zu denken. Das Spiel ist also auf einen sehr langen Zeitraum – am besten ein ganzes Schuljahr – angelegt. Wer an den Geburtstag gedacht hat, erhält einen Geburtstagspunkt. Gewonnen hat derjenige, der am Ende des Schuljahres die meisten Geburtstagspunkte vorweisen kann. Du glaubst gar nicht, wie lustig es sein kann, wenn man an seinem Geburtstag vielleicht schon frühmorgens von seinen Freunden angerufen wird, die ganz gespannt sind, ob irgendjemand schneller war als sie selbst. Und das Geburtstagskind erhält jede Menge Glückwünsche!

Ich kenne eine Gruppe, die das Punktesammeln bereits seit vielen Jahren durchführt. Inzwischen sind sie alle erwachsen und haben Familie – und durch dieses kleine Spiel haben sie sehr regelmäßig Kontakt miteinander und pflegen so ihre Freundschaft!

Zusammenfassung:
- Jeder Monat erhält ein passendes Ersatzbild, z. B. steht Januar für Schnee. Zum Merken der Tageszahl benutzen wir das Twin-System für zweistellige Zahlen.
- Um den Geburtstag einer Person in unserem Gehirn zu speichern, lassen wir unsere kleine Fantasiegeschichte direkt mit der Person beginnen.
- Wenn wir uns daran erinnern wollen, wer an einem bestimmten Tag Geburtstag hat, beginnen wir immer mit dem Monatsbild (und brauchen nie wieder einen Kalender!).
- Für Jahreszahlen kann die Regel der zweistelligen Zahlen aufgehoben werden.

9. Was haben Gedankenspaziergänge mit Gedächtnistraining zu tun? (Schwierigkeitsgrad **)

Es ist ja bekannt, dass junge Leute einen Spaziergang an der frischen Luft nicht unbedingt toll finden. Ich kann dir aber versprechen, dass du schon sehr bald von einem Gedankenspaziergang begeistert sein wirst. Der Spaziergang findet natürlich nur in deiner Vorstellung statt – du kannst also ganz entspannt auf deinem Platz sitzen oder sogar liegen bleiben. Lediglich ruhig sollte es sein, schalte also auf jeden Fall für eine Weile den Fernseher oder die Musikanlage aus.

Mit dieser Technik kannst du dir (bei entsprechender Übung) leicht in 10 Minuten 50 Wörter in der richtigen Reihenfolge merken und diese anschließend sogar rückwärts aufsagen! Ich habe mir mithilfe dieser Methode ein gemischtes 52-teiliges Kartenspiel in nur 45 Sekunden merken können – das ist weniger als eine Sekunde pro Karte! Vielleicht kannst du jetzt erahnen, wie mächtig die Merk-Technik ist. Fast alle Rekorde bei den Gedächtnisweltmeisterschaften sind mit ihrer Hilfe aufgestellt worden. Natürlich wirst du am Ende dieses Kapitels noch keinen Weltrekord aufgestellt haben, aber du hast dann immerhin deine ersten Gedankenspaziergänge erfolgreich bewältigt.

Die Römer und die Loci-Methode

Erstaunlicherweise ist die Technik schon um die 2500 Jahre alt. Auch im Römischen Reich wurde sie bereits von wichtigen Juristen und Rednern genutzt. Der bekannteste Vertreter unter ihnen war Cicero. Er ist 106 v. Chr. geboren und konnte bereits damals mehrstündige Vorträge halten, ohne schriftliche Aufzeichnungen zu Hilfe zu nehmen. Den gesamten Ablauf seiner Reden und viele wichtige Argumente hatte er sicher und schnell in seinem Kopf gespeichert. Lediglich der Name der Technik hat sich in den vielen Jahrhunderten immer wieder verändert.

Heute kennt man sie auch als »Verortungsmethode« oder »Routentechnik«. Wir wollen die Gedankenspaziergänge aber am besten Loci-Methode nennen, weil sich der ursprüngliche Name an der lateinischen Bezeichnung »loci« (deutsch: Orte oder Plätze) orientiert. Bestimmt hast du schon einmal das Wort »Locus« gehört, mit dem man etwas scherzhaft die Toilette meint. Locus ist also der Singular und Loci der Plural.

Harry Potter trifft Vincent van Gogh

Bei der Loci-Methode bewegst du dich virtuell durch einen Raum, den du schon kennst. Du musst dir hierzu vorher genau ansehen, welche Gegenstände sich darin befinden. Diese Gegenstände werden dir nämlich helfen, neue Informationen sehr schnell und sehr zuverlässig zu lernen. Du kannst zum Beispiel dein eigenes Zimmer benutzen – ebenso euer Wohnzimmer oder das Bad. Sogar der Schulweg oder der Klassenraum eignen sich hierfür. Leider sehen unsere Wohnzimmer aber alle etwas unterschiedlich aus, deswegen benutzen wir hier einen kleinen Trick: Wir nehmen einfach das Bild eines Zimmers vom weltbekannten Maler Vincent van Gogh. Er hat dieses Gemälde bereits im Jahr 1888 geschaffen. Es wurde später sehr berühmt und ist für unsere Zwecke sehr gut geeignet.

Es gehörte im Übrigen zu den 100 Gemälden, die fünf meiner Schüler für einen Fernseh-Auftritt bis ins kleinste Detail kennengelernt hatten. Ich habe in Kapitel 1 darüber berichtet.

Im Gemälde siehst du verschiedene Gegenstände, von denen wir uns sieben merken wollen. Die Reihenfolge ist hierbei sehr wichtig und muss immer festgelegt sein: Bei diesem Bild geht es am besten im Uhrzeigersinn von links nach rechts.

Wir bewegen uns über das Gemälde in einem Bogen und starten am linken Bildrand beim *Stuhl*. Dann geht es weiter zum *Handtuch* (hangt an der Wand), daneben steht ein kleiner *Tisch*. Anschließend folgen das *Fenster* und das *Wandbild* rechts daneben. Nun läuft der Bogen über die *Garderobenhaken* an der Wand (unter dem

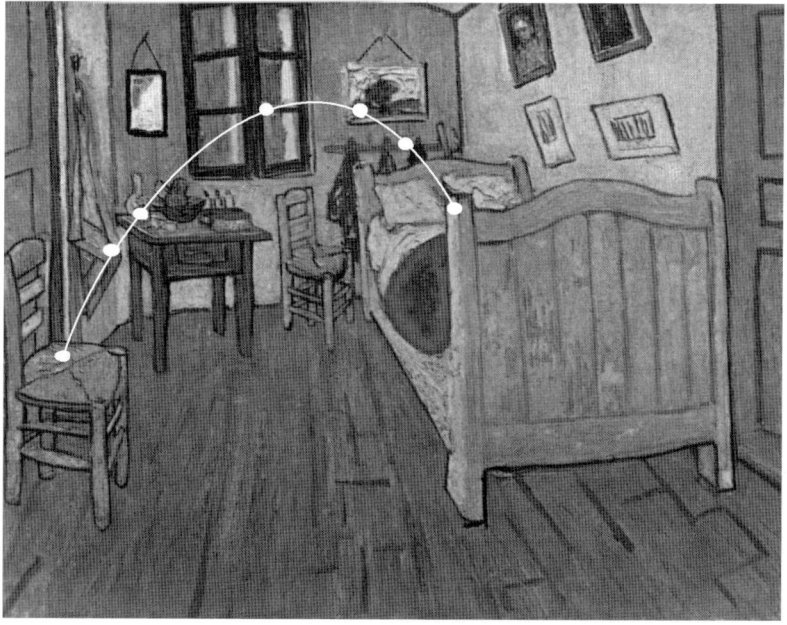

Wandbild) und endet schließlich mit dem *Bett*. Du wirst gemerkt haben, dass wir die Reihenfolge der Loci-Punkte eigentlich nicht durcheinanderbringen können, wenn wir uns in dem eingezeichneten Bogen über das Bild bewegen.

Nun stell dir bitte einmal in Gedanken das Gemälde von Vincent van Gogh vor und sage alle sieben Loci in der richtigen Reihenfolge auf. Wenn dir ein Loci-Punkt nicht eingefallen ist, schau noch einmal nach. Damit es auch wirklich sitzt, geh nun die Strecke in Gedanken einmal rückwärts ab und starte am rechten Bildrand.

Na, hast du es auch wirklich gemacht? Prima, denn die Wiederholung in Gedanken ist wichtig! Und nicht vergessen: zuerst vorwärts und dann rückwärts!

Nun können wir uns an diesen Loci völlig neue Informationen merken, z. B. Dinge, die wir im Supermarkt einkaufen wollen, oder Witze, die wir unbedingt behalten möchten, ebenso wie wichtige Aufgaben, die wir nicht vergessen sollten.

Wir wollen uns nun die sieben Harry-Potter-Buchtitel merken – natürlich gleich in der richtigen Reihenfolge. Wer alle Bücher gelesen hat, dem dürfte es sowieso sehr leichtfallen. In der folgenden Tabelle sind die sieben Buchtitel sowie die Loci-Punkte aus unserem Bild dargestellt:

Reihenfolge der Loci-Punkte	Buchtitel »Harry Potter und ...
1. Stuhl	... der Stein der Weisen
2. Handtuch	... die Kammer des Schreckens
3. Tisch	... der Gefangene von Askaban
4. Fenster	... der Feuerkelch
5. Wandbild	... der Orden des Phönix
6. Garderobe	... der Halbblutprinz
7. Bett	... die Heiligtümer des Todes

Wir verknüpfen nun Stück für Stück den jeweiligen Loci-Punkt mit einem Begriff aus der Titelliste. Hierbei versuchen wir mit viel Fantasie eine kleine Geschichte zu erfinden. Die Geschichte darf natürlich von der Realität abweichen, lustig oder gruselig sein. Am Ende werden wir uns also sieben kleine Geschichten gemerkt haben, die uns helfen, die sieben Buchtitel im Gedächtnis zu behalten. Der erste Loci-Punkt ist der *Stuhl*. Hierauf liegt ein *Stein*, der von mehreren sehr alten und weisen Männern mit grauen Bärten genau angesehen und angefasst wird. Es ist eben der Stein der Weisen – unser erster Buchtitel. Lass das Bild vor deinem inneren Auge entstehen und stell dir in Gedanken genau das Geräusch vor, wenn mit dem Stein auf den Stuhl geklopft wird. Die zweite Loci-Position – das *Handtuch* – ist in Wirklichkeit der Vorhang vor einer geheimen *Kammer*, deren Eingang sich direkt hinter dem Handtuch befindet. Das Handtuch bewegt sich leicht im Wind, der aus der Kammer hereinzieht. Es riecht feucht und abgestanden, und wir hören schreckliche Geräusche aus der Kammer des Schreckens…

Der dritte Loci-Punkt wird jetzt mit dem dritten Buchtitel verknüpft: Am *Tisch* ist ein *Gefangener* angekettet, und die Ketten klirren bedrohlich, wenn er sich bewegt. Wenn du Schwierigkeiten hast, dir den Gefängnisnamen »Askaban« zu merken, dann stell dir einfach vor, dass der Gefangene mit einer Spielkarte, dem Ass, eine Tasse Kaba-Kakao umrührt. Wenn man nun die Worte Ass und Kaba zusammensetzt, dann klingt es fast wie Askaban.

An den vierten Loci-Punkt – das *Fenster* – klopft wie von Zauberhand außen immer wieder ein goldener *Kelch*. Offensichtlich möchte er hereingelassen werden. Du schaust genauer hin und entdeckst, dass der Kelch bis oben mit Feuer gefüllt ist.

Wenn du dir anschließend das *Wandbild* genauer anschaust, stell dir darauf einen kleinen fliegenden *Phönix* vor, der einen *Orden* um seinen Hals trägt. Ein Phönix ist übrigens ein sagenumwobener Vogel, der immer wieder verbrennt und aus seiner Asche neu geboren wird. Natürlich wollen wir mit dieser Geschichte erreichen, dass uns später, beim Abrufen der Loci-Punkte, genau an dieser Stelle der Buchtitel »Orden des Phönix« einfällt. Jetzt bleiben nur noch zwei Loci-Punkte übrig. Auf den Haken der *Garderobe* stolziert ein kleiner *Prinz*, der aus einem halbvollen Glas trinkt. Im Glas befindet sich eine rote Flüssigkeit, die verdächtig nach Blut aussieht. Manch einer schüttelt sich vielleicht etwas bei diesem Gedankenbild. Dies ist aber auch von Vorteil, weil sich unser Gehirn ungewöhnliche Dinge viel besser merken kann. Wenn wir uns also vor etwas

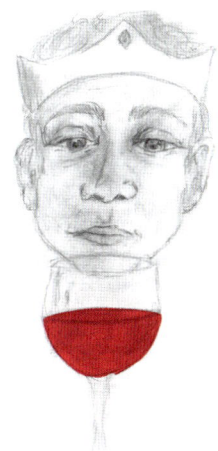

erschrecken oder uns etwas eklig erscheint, dann behalten wir es länger. Schließlich kommt es nur darauf an, dass wir uns den Begriff *Halbblutprinz* einprägen. Wie wir das letztendlich geschafft haben, spielt keine Rolle.

Zum Schluss fehlt nur noch der letzte Loci-Punkt – das *Bett*. Hier stellen wir uns vor, dass »Gevatter Tod« im Bett liegt und die Sense – sein Heiligtum – unter der Decke versteckt hält. Bestimmt hat er Angst, dass die mutigen Menschen sie ihm wegnehmen wollen. Du kannst dich mit diesem Bild sicher an den Titel »Die Heiligtümer des Todes« erinnern.

Hier meldet sich dein Gehirn:

»Eines kann ich besonders gut: mich räumlich orientieren. Schließlich haben sich die Menschen schon vor Zigtausenden von Jahren immer daran erinnern müssen, wo Nahrung oder der sichere Unterschlupf vor dem Unwetter zu finden waren. Du und ich haben das nicht verlernt. Eine Übung lege ich dir hierzu ans Herz: Stell dir deine letzte Urlaubsunterkunft genau vor. Wie sah die Ferienwohnung oder das Hotelzimmer aus, wie waren draußen die Wege, Rasenflächen oder der Spielplatz angeordnet? Merkst du, wie gut es funktioniert? In diesem Bereich kannst du dich also voll auf mich verlassen!«

So, nun hast du also deine erste Loci-Route »belegt« und kannst die Informationen wieder abrufen – also kontrollieren, ob du dich an die Verknüpfungen erinnerst. Das Abrufen muss nicht sofort geschehen, du könntest es natürlich auch erst in einigen Stunden oder am nächsten Tag probieren. Es geht ja schließlich darum, das Gelernte möglichst lange zu behalten. Zu bestimmten Zeitpunkten muss man allerdings alles Gelernte wiederholen, wenn es dauerhaft sitzen soll. Dabei spielt es keine Rolle, ob man überhaupt Gedächtnismethoden anwendet – und auch nicht, welche. Unser Gehirn vergisst fast alles irgendwann wieder oder behält es nur noch bruchstückhaft. Das Thema Wiederholen und was unser Schlaf hiermit zu tun hat, wird in Kapitel 11 näher erklärt. Du könntest bei Interesse gleich dort weiterlesen.

Nun bleibt aber immer noch ein wesentlicher Punkt offen: Wir wollen kontrollieren, ob du dich noch an die Informationen erinnern kannst, die wir vorher mit den Gemälde-Loci verknüpft hatten. Hierzu beginnen wir unseren Gedankenspaziergang wieder am Anfang, also am Stuhl am linken Bildrand. Bitte überlege, was wir uns dort gemerkt hatten und versuche dich an den kompletten Titel des ersten Harry-Potter-Bandes zu erinnern.

Na, ist dir der Stein eingefallen, und konntest du dann den Titel herleiten? Geh jetzt bitte nacheinander die Loci-Punkte in unserer festen Reihenfolge durch und leite nacheinander die Buchtitel her. Vermutlich hast du ein oder zwei Lücken. Beim ersten Versuch ist das völlig normal und nicht weiter schlimm. Mit mehr Übung fällt es dir von Mal zu Mal leichter, und du wirst immer schneller und sicherer.

Wenn wir also eine Loci-Route belegt haben, dann werden wir uns – ohne Wiederholung – nach allerspätestens einer Woche an nichts mehr erinnern können. Das ist dann von Vorteil, wenn wir dieselben Loci für andere Lerninhalte wieder und wieder benutzen wollen.

Als Gedächtnissportler habe ich insgesamt dreimal an einer Weltmeisterschaft teilgenommen. Bei meiner besten Platzierung erreichte ich Rang 8. Der Hauptgrund für diesen Erfolg war aber nicht ein übergroßes Gehirn, sondern die enorme Menge an Vorbereitung, die ich im Vorfeld der Meisterschaft geleistet hatte. Ein wesentlicher Teil der Vorbereitungen bestand in der Suche nach ausreichend vielen Loci-Punkten. Größere Meisterschaften bestehen insgesamt nämlich aus zehn verschiedenen Disziplinen, die sich auf zwei bis drei Tage verteilen. So habe ich mir beispielsweise in fünf Minuten eine mehr als 200-stellige Zahl oder in 30 Minuten die Reihenfolge von über 520 Spielkarten merken können. Allein hierfür benötigte ich über 600 Loci-Punkte! Wenn es nun bis zu einer Woche dauert, um die Inhalte auf den Loci-Punkten zu vergessen, dann darf eine Loci-Route z. B. während der Weltmeisterschaft nur ein einziges Mal benutzt werden. Hätte ich auch nur einen Loci-Punkt kurz hintereinander in zwei Disziplinen mit unterschiedlichen Informationen belegt, dann wären mir bei der Wiedergabe vermutlich beide Informationen eingefallen. Bestimmt hätte ich die richtige Reihenfolge immer wieder durcheinandergebracht und viele wichtige Punkte wären mir verlorengegangen. Ich musste mir also vor der WM über 2700 Loci-Punkte suchen und auswendig lernen. Eine äußerst wichtige Regel durfte ich hierbei nicht außer Acht lassen: Jeder Loci-Punkt musste sich im Aussehen von den anderen zumindest ein wenig unterscheiden. Bei unseren Gemälde-Loci können wir schnell überprüfen, dass alle Punkte besonders sind und sich nicht zu sehr ähneln.

Natürlich brauchst du für deine ersten Schritte keine große Anzahl von Loci-Punkten, aber etwas mehr als die gelernten sieben sollten es doch sein. Wenn du also Lust hast, dann bewaffne dich einfach mit einem Zettel und such dir neue Loci-Punkte zusammen. Diese können auch sehr klein sein: Wenn du dir zum Beispiel eine normale Tür in einem Raum ansiehst, könntest du gleich hier fünf Loci-Punkte ausmachen: der Schnapper, der sich bewegt, wenn man die Klinke herunterdrückt, dann die Klinke selbst, die glatte Türfläche, das Türscharnier, welches die Tür hält, und schließlich noch der Türrahmen. Ein Raum bietet also viel mehr, als man anfangs vielleicht glaubt!

Hierzu gibt es noch eine kleine, aber sehr hilfreiche Übung: Bewege dich in Gedanken durch deine Wohnung oder deine Schule, aber geh dabei nicht durch die Türen. Stell dir vor, dass du durch die Wände gehen kannst, und lass dich überraschen, an welchen Stellen du den nächsten Raum betrittst.

Deine Körperroute

Um dir den Start zu erleichtern, habe ich noch 30 weitere Loci-Punkte herausgesucht, die zwar nicht in einem Raum, aber an sehr bekannten Gegenständen bzw. sogar am eigenen Körper zu finden sind. Wir beginnen mit dem Körper, der ja eigentlich bei jedem Menschen fast gleich aussieht:

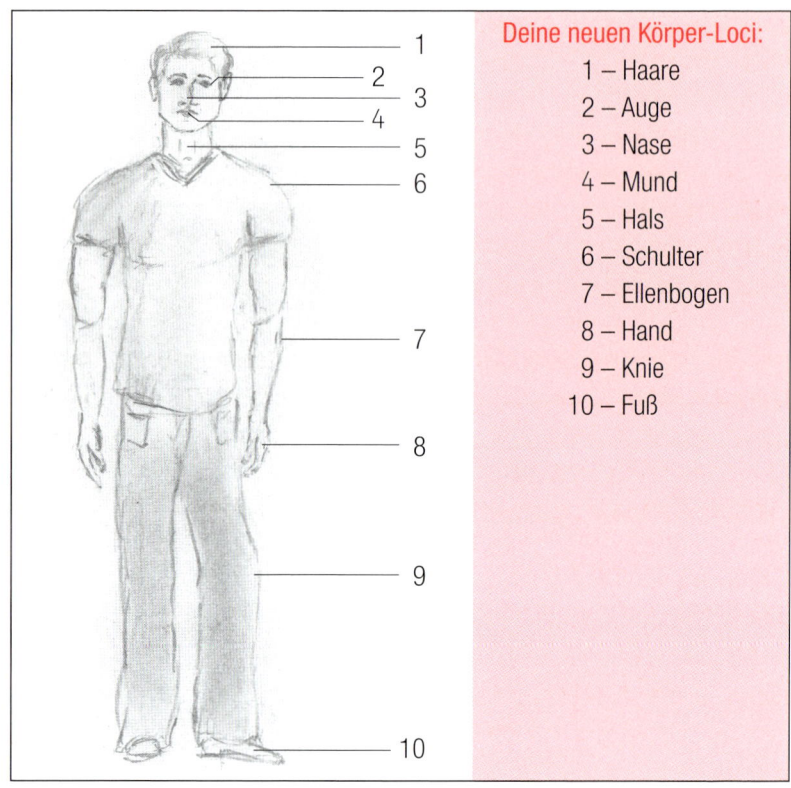

Deine neuen Körper-Loci:

1 – Haare
2 – Auge
3 – Nase
4 – Mund
5 – Hals
6 – Schulter
7 – Ellenbogen
8 – Hand
9 – Knie
10 – Fuß

Wir nehmen jetzt einmal an, du hast bald Geburtstag und bist in einem Kaufhaus unterwegs, um Ideen für ein tolles Geschenk zu sammeln. Über folgende Geschenke würdest du dich vielleicht sehr freuen (bitte lies dir die Liste langsam durch): ein Fahrrad, ein Buch über Gedächtnistraining, einen MP3-Player, neue Inline-Skates, eine DVD mit deinem Lieblingsfilm, ein Handy, einen Fotoapparat, einen Laptop, eine Armbanduhr und einen süßen Hamster.

Da dir so viele tolle Dinge über den Weg gelaufen sind und du nichts zum Schreiben dabeihast, merkst du dir die Geschenkideen an deinen Körper-Loci. Schließe bei jedem Punkt die Augen und stell dir kurz das Merkbild vor:

- In deinen Haaren fährt ein kleines Fahrrad im Kreis.
- Das Buch sticht dir mit der Spitze unangenehm ins Auge.

- In deiner Nase steckt ein länglicher (und lauter) MP3-Player.
- Du nimmst zwei riesige Inline-Skates in den Mund.
- An deinem Hals klebt deine Lieblings-DVD.
- Du merkst, wie das Handy auf deiner Schulter vibriert.
- Dein Ellenbogen blitzt wie ein Fotoapparat.
- Mit deiner Hand fasst du auf den Laptop.
- Die Armbanduhr hast du dir eng um das Knie geschnallt.
- Ein Hamster schnuppert an deinem Fuß.

Manche Bilder sind natürlich sehr verrückt, werden aber gerade dadurch fast unvergesslich. Bevor ich dir nun noch weitere Loci-Punkte nenne, versuch bitte einmal, dich an die Geschenkliste zu erinnern. Beginne hierzu wieder am ersten Loci-Punkt, den Haaren, und versuche dich dann auch bei den anderen Loci-Punkten an die Verknüpfungen zu erinnern.

Am Auto ist Platz für 10 Dinge …

Damit du dir noch mehr Informationen merken kannst, stelle ich dir zwei weitere Loci-Listen mit jeweils 10 Loci-Punkten vor:

Deine neuen 10 Auto-Loci

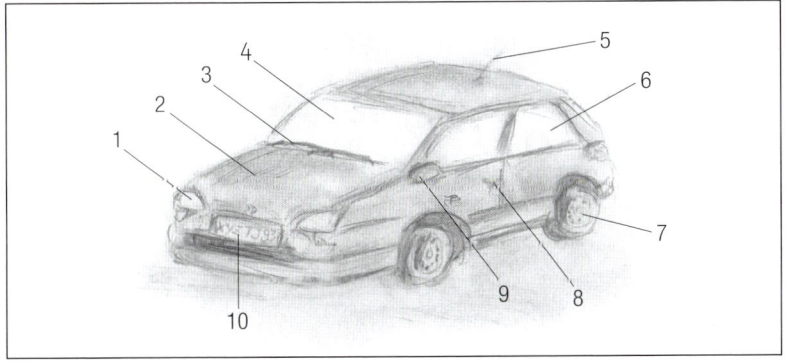

1. Scheinwerfer, 2. Motorhaube, 3. Scheibenwischer, 4. Frontscheibe, 5. Antenne,
6. Seitenscheibe, 7. Rad, 8. Türgriff, 9. Seitenspiegel, 10. Nummernschild

Auch am Auto kannst du wieder die eindeutige Reihenfolge der Loci erkennen und nicht durcheinanderkommen.

… und an deinem Fahrrad auch!

Der letzte Vorschlag für eine Loci-Route soll an einem Fahrrad sein. Auch hier steht die Reihenfolge der Punkte fest.

Deine neuen 10 Fahrrad-Loci

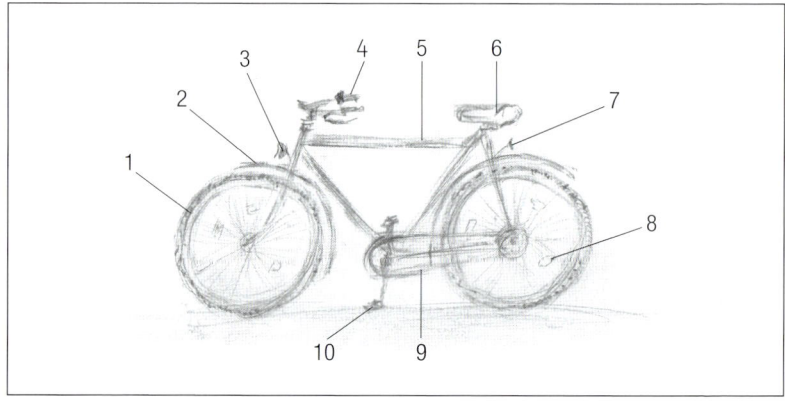

1. Reifen, 2. Schutzblech, 3. Lampe, 4. Lenker, 5. Stange, 6. Sattel, 7. Rücklicht, 8. Katzenauge, 9. Kette, 10. Pedal

Bitte wiederhole nun in Gedanken auch diese Loci-Liste. Natürlich könntest du noch viel mehr ins Detail gehen und an deinem eigenen Fahrrad auch leicht sogar bis zu 20 Loci-Punkte finden. Vielleicht beginnst du auch in der Küche oder anderswo mit einem eigenen Gedankenspaziergang. Diese Arbeit überlasse ich aber nun dir …

Zusammenfassung:

- Für den Aufbau einer Loci-Route benutze einen dir bekannten Raum oder ein größeres Objekt mit vielen Details (Auto, Fahrrad, Körper). Achte darauf, dass die Loci-Punkte sich gut voneinander unterscheiden und eine eindeutige Reihenfolge haben (z. B. im Uhrzeigersinn).
- Schreibe dir alle neu gefundenen Loci-Punkte auf, damit du dich auch nach längerer Zeit noch daran erinnern kannst.
- Verknüpfe an den Loci-Punkten die zu merkenden Informationen mit viel Fantasie und beginne bei der Wiedergabe ebenfalls wieder am ersten Loci-Punkt.
- Wenn du die Informationen länger behalten möchtest, wiederhole die Verknüpfungen nach einigen Tagen noch einmal.

10. Warum werden Mau-Mau, Rommé oder Skat ziemlich schnell langweilig für dich? (Schwierigkeitsgrad ***)

Du spielst gern Karten und denkst, dass du eigentlich dabei ganz gut bist? Dann wirst du dich in diesem Kapitel mächtig wundern, zu welch phänomenalen Leistungen dein Gehirn tatsächlich in der Lage ist! Doch fangen wir erst einmal ganz langsam an: Kennst du Rommé oder Poker? Hier gibt es insgesamt 52 unterschiedliche Karten, die sich auf Kreuz ♣, Pik ♠, Herz ♥ und Karo ♦ verteilen. Die Kartenwerte laufen zuerst von der 2 bis zur 10 und anschließend folgen noch Bube, Dame, König und Ass. Es sind also genau 13 verschiedene Kartenwerte. Joker oder doppelte Karten (wie beim Rommé) benötigen wir nicht.

Ich behaupte nun, dass du schon bald ein gemischtes Kartenspiel mit allen 52 Karten in der richtigen Reihenfolge auswendig lernen kannst – und hierfür gerade einmal fünf Minuten benötigst! Du musst es nur wirklich wollen und die Techniken trainieren.

Gut gemischt ist halb gelernt

Das schnelle Auswendiglernen eines beliebig gemischten Kartenspiels ist eine von insgesamt zehn Disziplinen, die man auf Gedächtnismeisterschaften beherrschen muss. Sie nennt sich im Englischen »Speed Cards« – also »schnelle Karten«. Das ist mit großem Abstand meine Lieblingsdisziplin. Als ich mir zum allerersten Mal im Training das vollständige Kartenspiel einprägen konnte, benötigte ich noch fast 13 Minuten. Nach nur etwas Übung erreichte ich schon im sechsten Versuch die 5-Minuten-Grenze und hatte nur wenige Fehler gemacht.

Es war für mich ein tolles Erlebnis, als ich merkte, wie gut die Techniken mit dem eigenen Gehirn funktionieren. Auf einmal erreicht man Dinge, die man früher nie für möglich gehalten hätte. Du kannst dir bestimmt vorstellen, wie hoch motiviert ich war und dass ich deshalb auch ziemlich viel trainierte. Bis zu diesem Zeitpunkt war das Gedächtnistraining für mich nur ein Hobby gewesen. Dann entwickelte es sich aber immer mehr zum Gedächtnissport, und ich verbrachte im Schnitt jeden Tag eine Stunde damit, mein Gedächtnis weiter zu schulen. Im Laufe der Wochen wurde ich immer schneller: Aus fünf Minuten wurden vier und nach einem Vierteljahr erreichte ich bereits eine Zeit von drei Minuten. Niemals hätte ich auch nur davon geträumt, noch schneller zu werden, aber nach einem insgesamt neunmonatigen Training hatte ich die Schallmauer von einer Minute erreicht. Das klingt verrückt, oder? Verrückt hierbei war auch, dass nicht nur die Lerngeschwindigkeit zugenommen hatte, sondern ich gleichzeitig auch immer sicherer wurde. Nur selten verwechselte ich bei der Wiedergabe noch zwei oder drei Karten miteinander. Es ist also kein Widerspruch, wenn man schnell lernen und gleichzeitig kaum Fehler machen möchte!

Schon früh hatte ich gehört, dass es auch Meisterschaften im Gedächtnistraining gab, bei denen sich regelmäßig Denksportler trafen. So nahm ich kurze Zeit später an einer deutschen Meisterschaft teil. Neben den Speed Cards hatte ich auch die anderen neun Disziplinen vorher intensiv geübt. Nach zwei wirklich anstrengenden Tagen erreichte ich ein für mich völlig unerwartetes Ergebnis: Ich hatte fast das komplette Teilnehmerfeld hinter mir gelassen und war bei den deutschen Gedächtnissportlern auf Rang zwei gelandet. Der deutsche Vizemeistertitel gehörte mir! Nur eines fehlte mir noch zu meinem Glück: Ich hatte in der Disziplin»Speed Cards« nicht die Zeit zeigen können, die mir beim Training schon so oft gelungen war. Ich wäre so gern schneller als 60 Sekunden gewesen. Eine neue Chance ergab sich bei der Weltmeisterschaft in London, für die ich mich mit dem Vizemeistertitel qualifiziert hatte. Während der WM waren die Disziplinen teilweise deutlich länger als bei der Deutschen Meisterschaft und verteilten sich über drei stressige Tage. Kurz vor Ende des dritten Wettkampftages – also nach neun Disziplinen – lag ich in der Gesamtwertung auf einem für mich hervorragenden 10. Platz. Die letzte Disziplin»Speed Cards« wartete auf die angespannten Teilnehmer. Nun kam es also darauf an: Vor mir lag der Kartenstapel, und ich war extrem aufgeregt. Mit zitternden Händen blätterte ich das

Kartendeck durch und die Stoppuhr zeigte am Ende tatsächlich eine Zeit von knapp unter einer Minute an. Doch hatte ich mir alle Karten richtig merken können? Für die Wiedergabe hatte ich fünf Minuten Zeit. Bei einigen wenigen Karten war ich mir in der Reihenfolge unsicher und musste meinem Gefühl folgen. Ein Schiedsrichter kontrollierte am Ende meine Wiedergabe und konnte tatsächlich bestätigen, dass das komplette Kartenspiel stimmte. Ich war der erste Deutsche, der in einem Wettkampf die Grenze von einer Minute knackte! In der Gesamtwertung der WM belegte ich am Ende überglücklich den 8. Platz.

Zwei Jahre später konnte ich meinen deutschen Rekord in den Speed Cards sogar noch auf die Zeit von 45,8 Sekunden senken und diesen eine lange Zeit behalten! Bis heute gibt es auf der ganzen Welt erst 30 Personen, die ebenfalls die Minutengrenze erreicht haben.

Natürlich ist jede Einprägzeit bei den Speed Cards ungültig, wenn es bei der Wiedergabe auch nur einen einzigen Fehler gibt. Es kommt also nicht nur auf ein schnelles, sondern auch auf perfektes Einprägen an.

Aus Karten werden Bilder

Das menschliche Gehirn ist zu enormen Leistungen fähig, und mit etwas Training kannst auch du alle 52 Karten in fünf Minuten schaffen!

Hierzu brauchst du zwei Dinge: ein **Ersatzsystem** für Karten und eine **Loci-Route** mit 52 Positionen. Ich habe das Vorgehen für dich etwas ausführlicher beschrieben, damit du es Stück für Stück erlernen und selbst ausprobieren kannst.

Beginnen wir mit dem Ersatzsystem: Um sich die Reihenfolge von 52 Karten zu merken, weisen wir jeder Karte eine Ersatzbedeutung zu. Diese Ersatzbedeutung kann z.B. ein Gegenstand, eine Person oder ein Tier sein. Wir erleichtern unserem Gehirn hiermit die Arbeit, weil es sich bildhafte Dinge, wie z. B. einen Pilz besser, vorstellen kann, als die Spielkarte ♠9. Mit der Spielkarte verbinden wir normalerweise nichts. Wir alle wissen aber, wie ein Fliegenpilz aussieht, und haben das rot-weiße Muster gut vor Augen.

Die Ersatzbedeutungen für die 52 Karten musst du natürlich erst einmal als Vorbereitung auswendig lernen, das geht aber relativ leicht. Wir weisen hierzu den vier Farben eine bestimmte Kategorie (eine Gruppe) zu und orientieren uns an der Form:

Kreuz ♣ bedeutet *Straßenverkehr* (Verkehr geht kreuz und quer)

Pik ♠ bedeutet *Natur* (Das Pik sieht wie ein Blatt aus)

Herz ♥ bedeutet *Mensch* (Jeder Mensch hat ein Herz)

Karo ♦ bedeutet *Zirkus* (Eine Clownjacke hat viele Karos)

Die einzelnen Kartenbedeutungen haben immer etwas mit der eigenen Kategorie zu tun. Für die Kartenwerte nutzen wir die gleichen Zuordnungen wie beim Gedächtnissystem für Zahlen. Als Hilfe dient uns die Form der Zahl. Vielleicht kommt dir die nächste Tabelle schon bekannt vor. Falls noch nicht, dann könntest du noch mal zum Kapitel 6 zurückblättern.

Ziffer	0	1	2	3	4	5	6	7	8	9
Buchstabe	D	T	N	M	K	S	G	L	B	P

Zahlen und Buchstaben sehen sich ähnlich

Es gehören immer eine Zahl und ein Buchstabe zusammen, die sich ähnlich sehen.

Als Beispiel nehmen wir uns einmal die ♥2 vor. In der Tabelle steht der Buchstabe »N« für die 2. Die Karte wird in einen Begriff umgewandelt, der zur Kategorie Mensch gehört und mit dem Buchstaben N beginnt. Für uns bedeutet diese Karte nun immer: »Nase«. Auch bei den anderen Kartenwerten gehen wir ähnlich vor. Bei der Zahl 10 wählen wir wie bei der 0 den Buchstaben D. Beim Ass beginnen die Begriffe immer mit A. Nur bei Bube, Dame und König wählen wir Personen oder Tiere, weil es sich hier um Bildkarten handelt. Bleiben wir am besten gleich bei der Farbe Herz ♥ (Kategorie »Mensch«):

Karte	Bedeutung
♥2	Nase
♥3	Mund
♥4	Knie
♥5	Stirn
♥6	Gebiss
♥7	Locken
♥8	Bauch

Karte	Bedeutung
♥9	Po
♥10	Daumen
♥Bube	Vater
♥Dame	Mutter
♥König	Opa
♥Ass	Auge

Nun gehst du am besten folgendermaßen vor: Besorg dir zwei geeignete Kartenspiele, und leg eins davon erst mal zur Seite. Du wirst es später zur Wiedergabe brauchen. Suche nun aus dem ersten Kartenspiel alle 13 Karten von Herz ♥ heraus. Misch sie gut durch und deck dann die erste Karte auf. Wenn dir die Ersatzbedeutung einfällt, legst du die Karte auf einen neuen Stapel zur Seite. Falls du dich aber nicht daran erinnern konntest, dann leg die Karte wieder unter den ersten Stapel. Setz dieses Spielchen so lange fort, bis dir jede Kartenbedeutung einmal eingefallen ist und alle Karten auf dem neuen Stapel an der Seite liegen.

Jetzt kannst du dir schon mal auf die Schulter klopfen. Das Ziel ist es aber, dass dir bereits beim ersten Mal alle Kartenbedeutungen einfallen und keine einzige Karte mehr unter den ersten Stapel zurückgelegt werden muss. Also mische den Kartenstapel noch einmal und beginne von vorn. Lass dich nicht entmutigen, wenn dir wieder ein oder zwei Karten durch das Gedächtnissieb gerutscht sind, selbst wenn du sie im vorherigen Versuch vielleicht sogar sofort wusstest. Das passiert leider immer mal wieder.

Bei 13 Karten wirst du aber nicht sehr viele Wiederholungsversuche benötigen und kannst jetzt das Kapitel weiterlesen. Schau dir in Ruhe die nächste Farbe Pik ♠ an – es warten 13 neue Karten aus der Kategorie »Natur« auf dich:

Karte	Bedeutung		Karte	Bedeutung
♠2	Nuss		♠9	Palme
♠3	Mohrrübe		♠10	Dornen
♠4	Klette		♠Bube	Affe
♠5	Sense		♠Dame	Ziege
♠6	Gras		♠König	Löwe
♠7	Lava		♠Ass	Ameisen
♠8	Banane			

Nun fügst du beide Kartenfarben Pik ♠ und Herz ♥ zusammen und mischst sie. Unser kleines Spielchen geht wieder los: Karte gewusst, dann zur Seite legen, oder Karte nicht gewusst, dann wieder unter den Stapel. Das Ziel ist natürlich, sich gleich im ersten Durchgang an alle 26 Kartenbedeutungen zu erinnern. Wahrscheinlich wirst du hierfür ein paar Versuche mehr benötigen. Hör aber bitte nicht auf, bis du es geschafft hast.

Wenn du möchtest, kannst du dir danach eine sehr lange Pause gönnen. Es wäre gut, wenn du erst morgen an dieser Stelle weitermachst. Dein Gehirn festigt in der Nacht das neu Gelernte, und es fällt dir am nächsten Tag leichter, dich an die anderen Kartenfarben zu wagen. Wenn du dennoch weiterlesen möchtest, dann beginne ein anderes Kapitel, das dich interessiert.

An dieser Stelle solltest du einen Tag Pause einlegen!

Nachdem dein Gehirn über Nacht nun etwas Zeit hatte, die neuen Kartenbedeutungen abzuspeichern, solltest du diese aber trotzdem noch einmal überprüfen. Es wird wieder einige Karten geben, deren Bedeutungen dir abhandengekommen sind. Anschließend nehmen wir mit Karo ♦ die dritte Farbe hinzu. Alle Karten haben etwas mit Zirkus zu tun. Schau sie dir ganz in Ruhe an:

Karte	Bedeutung		Karte	Bedeutung
♦2	Netz		♦9	Peitsche
♦3	Mikrofon		♦10	Dolch
♦4	Kasse		♦Bube	Clown
♦5	Stuhl		♦Dame	Seiltänzerin
♦6	Girlande		♦König	Zirkusdirektor
♦7	Lampe		♦Ass	Armband
♦8	Bonbon			

Wenn du alle gelernten Karten auf einen Haufen stapelst, dann liegen bereits 39 Karten vor dir. Sieht schon ganz schön viel aus, oder? Trotzdem kannst du mir glauben, dass du auch diesen Stapel nach kurzer Zeit schaffst! Bitte misch jetzt wieder alle Karten und kontrolliere, ob du die Bedeutungen weißt. Benutze hierbei wieder das System mit den beiden Stapeln.

Zuletzt fehlt noch die Farbe Kreuz ♣ (Kategorie Straßenverkehr):

Karte	Bedeutung		Karte	Bedeutung
♣2	Nummernschild		♣9	Pedal
♣3	Motorrad		♣10	Dreirad
♣4	Kinderwagen		♣Bube	Schulkind
♣5	Stau		♣Dame	Verletzte
♣6	Geländer		♣König	Polizist
♣7	Lenker		♣Ass	Ampel
♣8	Bus			

Ich weiß, dass es nun ein ziemlich dicker Kartenstapel geworden ist, aber letzten Endes liegen nur etwas über 50 einzelne Informationen vor dir. Wenn du mit wachen Augen durch den Tag gehst, dann prasseln viel, viel mehr Eindrücke auf dich ein, von denen du eine große Menge automatisch abspeicherst.

Du hast nun die erste sehr wichtige Grundlage gelernt und bist jetzt in der Lage, das gemischte Kartenspiel auswendig zu lernen. Hierzu reicht es, wenn du die 52 Kartenbedeutungen in einer langen Geschichte mit viel Fantasie verknüpfst. Allerdings würdest du hierfür ungefähr 15 Minuten brauchen. Wenn du Lust hast, probier es einfach mal aus, es macht wirklich Spaß!

Die Geschichte könnte vielleicht so anfangen: Der Polizist (♣König) wirft eine Nuss (♠2) und trifft dabei einen Stuhl (♦5). Auf dem Stuhl krabbeln Ameisen (♠Ass), die gemeinsam eine große Nase (♥2) schleppen … Natürlich hängt die Geschichte immer von der Reihenfolge der gemischten Karten ab.

Wir spazieren wieder durch Räume

Schließlich wollen wir ja das Ziel von 5 Minuten erreichen, daher benutzen wir neben den Ersatzbedeutungen noch eine Zusatzmethode: die über 2500 Jahre alte **Loci-Technik**. Diese ist im Kapitel 9 sehr genau beschrieben. Bei der Loci-Technik sucht man sich Gegenstände, die sich in einem bekannten Raum, z. B. im Wohnzimmer, befinden. Mit diesen »Loci-Punkten« verknüpft man dann die Informationen, die man sich merken möchte. In unserem Fall werden wir also mit den 52 Ersatzbedeutungen und den 52 Loci-Punkten insgesamt 52 kleine Fantasie-Geschichten bilden.

Um dich auf dein 5-Minuten-Ziel vorzubereiten, musst du jetzt also eine 52-teilige Loci-Route bilden und auswendig können. Das Auswendiglernen geht erfahrungsgemäß sehr schnell, dagegen ist das Suchen der Loci-Punkte etwas mühsamer. Versuche am besten, alle 52 Punkte in nur einem Raum zu finden und verteile sie nicht auf mehrere Räume. Geh also in den größten Raum, der dir gerade in deiner näheren Umgebung zur Verfügung steht, und schreibe dir alle Positionen auf, die infrage kommen. In eine geeignete – also klare Reihenfolge kannst du die Punkte später vor dem Auswendiglernen bringen. Geh die Route in Gedanken ab, bis du sie fehlerfrei wiedergeben kannst.

Wenn du bis zu dieser Stelle gekommen bist, dann hast du wirklich Geduld und Durchhaltevermögen bewiesen. Glückwunsch!

Jetzt beginnt dein eigentliches Abenteuer im Gedächtnistraining. Mische den Kartenstapel, ziehe die erste Karte und überlege, wie die Ersatzbedeutung heißt. Nun bilde aus der Ersatzbedeutung und dem ersten Loci-Punkt eine kleine Fantasiegeschichte. Hierzu möchte ich dir fünf Beispiele nennen, damit du den eigentlich geringen Aufwand erkennst. Nehmen wir an, du möchtest die folgenden Karten lernen: ♣8, ♥5, ♠6, ♦Bube und ♥9.

Deine Loci-Route befindet sich zum Beispiel im Hausflur. Sie beginnt an der Haustür (1), dann folgen Briefkasten (2), Treppenstufe (3), Geländer (4) und die Wandlampe (5).

Die fünf Geschichten könnten lauten:

In der Haustür steht ein großer Bus (♣8).
Den kühlen Briefkasten berührst du mit deiner Stirn (♥5).
Auf den Treppenstufen wächst grünes Gras (♠6).
Am Treppengeländer springt ein lustiger Clown herum (♦Bube).
Auf die Wandlampe setzt du dich mit deinem Po (♥9).

Für die Wiedergabe musst du dann später nur überlegen, wie die Geschichten an den verschiedenen Loci-Punkten lauteten. Das Schöne an der Technik ist, dass die Verknüpfungen eigentlich immer passen. Der Clown könnte auch aus dem Briefkasten klettern, oder du drückst mit deiner Stirn die Haustür auf.

Ich weiß natürlich, dass du schon nach 30–40 Karten Zweifel bekommen wirst, ob du auch wirklich alles behalten kannst. Halte aber durch und lerne alle 52 Karten zu Ende. Dann legst du das memorierte Kartenspiel zur Seite.

Beginne anschließend gleich mit der Wiedergabe. Hierzu benutzt du das zweite Kartenspiel: Sortiere es in die vier Farben Kreuz ♣, Pik ♠, Herz ♥ sowie Karo ♦ und breite es vor dir aus. Das Ziel ist, dass du mit diesen Karten einen neuen Kartenstapel vor dir zusammenstellst. Begib dich hierzu wieder in Gedanken an den ersten Loci-Punkt und geh dann Stück für Stück deine Route ab. Immer wenn dir die Verknüpfung am Loci-Punkt einfällt, nimm die entsprechende Karte heraus und leg sie vor dir auf den neuen Stapel, der immer größer wird. Wenn dir eine bestimmte Verknüpfung nicht einfällt, überspringst du den entsprechenden Loci-Punkt und lässt eine Lücke im Kartenstapel.

Die Lücken lassen sich am Ende gut schließen, weil dann nur noch wenige nicht zugeordnete Karten übrig bleiben. Bei den ersten Versuchen hast du aber möglicherweise so viele Lücken, dass du sie nicht alle schließen kannst. Lass den Kopf nicht hängen, sondern zähle anfangs einfach die Karten, die du wusstest. Es werden von Mal zu Mal mehr, und das wird dich auf jeden Fall motivieren.

Nun kannst du den gelernten Stapel und den neu zusammengebauten Stapel miteinander vergleichen. Für einen Gedächtnissportler ist es immer der schönste und zugleich spannendste Moment, wenn die Karten nacheinander aufgeblättert und verglichen werden.

Hier meldet sich dein Gehirn:

»Wenn ich eine besondere Leistung vollbringe, dann macht mich das sehr stolz. Das Einprägen eines kompletten Kartenspiels mit 52 Karten ist eine solche Leistung, gerade weil es ohne Gedächtnistechniken überhaupt nicht möglich ist. Ich schütte dann bestimmte Stoffe und Substanzen als Belohnung für dich aus, und du fühlst dich glücklich und unheimlich motiviert.«

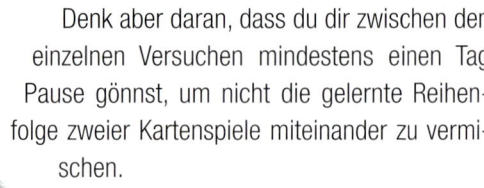

Denk aber daran, dass du dir zwischen den einzelnen Versuchen mindestens einen Tag Pause gönnst, um nicht die gelernte Reihenfolge zweier Kartenspiele miteinander zu vermischen.

Generell empfehle ich dir, deine Zeiten und deine Fehleranzahl aufzuschreiben. Entweder legst du dir einen Ergebniszettel an oder du benutzt gleich den Computer. Stück für Stück entsteht so eine aussagekräftige Übersicht. Nach einigen Versuchen kannst du dich nämlich nicht mehr an deine ersten Ergebnisse erinnern und hast dadurch vielleicht manchmal den Eindruck, dass es gar nicht vorwärtsgeht. Mithilfe der Übersicht hast du aber deine Fortschritte schwarz auf weiß vor dir, und der Spaß bleibt dir für sehr lange Zeit erhalten.

Jetzt bleibt nur noch das Vorführen übrig. Wenn du glaubst, dass du gut genug bist, dann probiere es am besten einfach mal vor deinen Eltern oder deinen Geschwistern aus. Ich wünsche dir jede Menge Spaß und Erfolg!

Zusammenfassung:
- Eigentlich kann es wirklich jeder schaffen, die Reihenfolge eines gemischten Kartenspiels in 5 Minuten zu lernen. Hierzu muss man für die 52 Karten jeweils eine Ersatzbedeutung kennen.
- Weiterhin benötigt man eine Loci-Route mit 52 Positionen und verknüpft jede Karte mit einem Loci-Punkt – genau in der strengen Loci-Reihenfolge.
- Die Verknüpfung erfolgt über eine kleine Fantasiegeschichte.
- Behalte dein Ziel immer fest vor Augen!

11. Warum sollte man sich »lose Buchseiten« unters Kopfkissen legen? (Schwierigkeitsgrad **)

Als ich ungefähr zehn, elf Jahre alt war, lief ein Abend bei mir zu Hause oft folgendermaßen ab: Ich legte mich ins Bett und las noch ein paar Seiten in einem meiner vielen Bücher. Irgendwann kamen dann meine Eltern ins Zimmer, sagten mir Gute Nacht und – schalteten am Sicherungskasten den Strom für mein Zimmer aus. Ansonsten hätte ich noch stundenlang weitergelesen und wäre am nächsten Morgen todmüde in den Tag gestolpert. Manchmal war ich aber morgens trotzdem etwas müde: Im Sommer konnte man nämlich prima am Fenster weiterlesen, weil es draußen lange hell blieb. Für die anderen Monate hatte ich mir noch eine Taschenlampe versteckt. Ich liebte Lesen über alles und verschlang meine Lieblingsbücher oft mehrere Male hintereinander.

Auch wenn ich hierdurch eine Menge erfahren habe, so hatten meine Eltern doch nicht ganz Unrecht: Jeder Mensch braucht eine bestimmte Menge an Schlaf. Für Jungen und Mädchen zwischen 12 und 16 Jahren sind es durch-

schnittlich 9–10 Stunden pro Nacht. Allerdings ist das Schlafbedürfnis bei jedem einzelnen Menschen unterschiedlich und kann auch schon mal um eine Stunde nach oben oder unten abweichen. Damit du am nächsten Tag konzentriert und fröhlich bist, solltest du also für deine Verhältnisse immer ausreichend schlafen.

Ein Rekord im Wachbleiben

Insgesamt verbringst du fast ein Drittel deines Lebens im Schlaf. Viele Wissenschaftler haben in den letzten Jahrzehnten versucht, dem Schlaf seine Geheimnisse zu entreißen. In einigen Bereichen ist ihnen dies bereits gelungen. Heute weiß man zum Beispiel, dass das Gehirn vor allem im Schlaf die neuen Eindrücke des Tages verarbeitet und speichert. Es handelt sich also auf keinen Fall um verschwendete Stunden. Während du fast völlig das Zeitgefühl verloren hast, arbeitet dein Gehirn auf Hochtouren. Es sucht die wichtigsten neuen Tageseindrücke heraus und speichert sie im Langzeitgedächtnis. Gleichzeitig »löscht« es den Zwischenspeicher, damit du am nächsten Tag wieder neue Dinge lernen kannst. Um es auf den Punkt zu bringen: Wenn du tagsüber viel gelernt hast und dann nicht schläfst, dann war das stundenlange Büffeln fast umsonst!

Den Weltrekord im Wachbleiben hat übrigens der Brite Tony Wright im Mai 2007 aufgestellt. Unter Beobachtung durch einen Schlafforscher und einige Kamerateams schaffte er es, 11 Tage und 2 Stunden am Stück wach zu bleiben. Bei Wissenschaftlern ist ein solcher Rekordversuch sehr umstritten, denn Schlafentzug kann im schlimmsten Fall zum Tod führen. Tony hatte sich auf diesen Rekordversuch mehrere Jahre vorbereitet. Er wollte zeigen, dass die richtige Ernährung großen Einfluss auf die geistige Fitness von Menschen hat, auch wenn der Schlaf fehlt.

Die Wissenschaftler haben im Laufe der Jahre noch weitere Erkenntnisse sammeln können: So bringt es beispielsweise sehr viel, wenn man kurz vor dem Schlafen noch etwas lernt. Die Eindrücke sind dann für das Gehirn ganz frisch und können besonders schnell im Gedächtnisspeicher gesichert werden. Es kann also durchaus eine bessere Note bringen, wenn du am Vorabend der Klassenarbeit noch einmal kurz in dein Heft schaust.

Eine Lernkartei – toll sortiert

Allerdings muss es nicht immer ein Heft sein. Es gibt nämlich eine super Lernhilfe, die ich dir an dieser Stelle unbedingt vorstellen möchte: die Lernkartei. Sie eignet sich gerade für kurze Lernzeiten – wie zum Beispiel die 10 Minuten abends im Bett.

Nun wird dir vermutlich auch klar, was es mit der Überschrift dieses Kapitels auf sich hat. Natürlich sollst du keine Seiten aus deinen Büchern reißen, das wäre wirklich dumm! Aber im übertragenen Sinne ist die Lernkartei nichts anderes als der zusammengefasste Inhalt von Büchern – verteilt auf eine Vielzahl von einzelnen Kärtchen.

Eine Lernkartei eignet sich für alle möglichen Lerninhalte, egal, ob es sich um Vokabeln, Formeln oder Geschichtsdaten handelt. Das Grundprinzip ist immer dasselbe. Sie besteht in der Regel aus einem Karteikasten mit fünf Fächern. Das erste Fach ist das kleinste, nach hinten werden die Fächer immer größer. Du fängst damit an, dass du die ersten Karteikarten beschriftest. Auf die Vorderseite kommt zum Beispiel die Frage »Höhe des Mount Everest?« und auf die Rückseite die richtige Antwort »8848 m«. Bei Vokabeln käme vorn der deutsche Satz und hinten die passende fremdsprachige Übersetzung. Der Vorteil von Karteikarten ist übrigens, dass du sie mischen kannst. Die Fragen kommen dann nicht in einer festen Reihenfolge. Schon kann dich dein Gehirn nicht mehr austricksen, wenn es unbewusst die Reihenfolge der Antworten auswendig gelernt hat.

Durch das Aufschreiben hast du die neue Information bereits einmal gese-

hen und kannst anschließend schon einen kleinen Teil der neuen Karteikarten auswendig. Diese wandern nun in das vordere, erste Fach. Am nächsten Tag oder am nächsten Abend schaust du dir nun die Kärtchen in Fach 1 an und überlegst, ob dir die Lösung einfällt.

Du kannst dir hierfür so viel Zeit lassen, wie du möchtest, denn du allein bestimmst dein Lerntempo. Ebenso kontrollierst du dich auch selbst. Wenn du entschieden hast, dass du die Aufgabe auf der Karteikarte nicht lösen konntest, wandert sie wieder hinter den restlichen Stapel in Fach 1. Allerdings solltest du auf jeden Fall die Karte nochmals kurz lernen, sonst fällt dir die Lösung nämlich auch beim nächsten Mal nicht ein. Selbstverständlich kannst und solltest du hierfür die Gedächtnistechniken nutzen. Denk dir zum Beispiel kleine passende Fantasiegeschichten aus.

Ist die Antwort dagegen richtig, steckst du die Karte in Fach 2. Meistens passen dort doppelt so viele Karteikarten hinein wie in das erste Fach. Den neuen Platz in Fach 1 füllst du natürlich wieder mit neu beschrifteten Kärtchen auf.

Irgendwann sind dann genug Karten von Fach 1 in das Fach 2 gelangt. Wenn das zweite Fach voll ist, dann fängst du dort dasselbe Spielchen an. Allerdings solltest du dir einen Tag Zeit lassen, nachdem die letzten Karten von 1 nach 2 gewandert sind. Schließlich weißt du ja nun, wie wichtig der Schlaf für das Verarbeiten der Informationen ist. Aus dem zweiten Stapel wandern die richtig gelernten Karten weiter zu Fach 3. Die falschen steckst du wieder in das erste Fach. Hierdurch erreichst du, dass schwierige Karteikarten deutlich öfter als die leichten wiederholt werden. Du nimmst dir das dritte Fach erst vor, wenn es voll ist. Falsche Karten brauchst du aber nicht mehr in Fach Nummer 1 zurückzulegen. Sie wandern nur einen Schritt zurück (also von 3 zu 2 oder von 5 zu 4).

So geht es Schritt für Schritt weiter. Alle Fächer werden immer erst bearbeitet, wenn sie voll sind. Der allerletzte Schritt ist die Überprüfung von Fach 5, danach kannst du die gelernten Karten zur Seite legen.

Kannst du dir nun vorstellen, welchen großen Vorteil es mit sich bringt, die Lernkartei gerade abends im Bett zu benutzen? Probier es doch einfach mal aus! Du wirst feststellen, dass das Wissen viel schneller im Gedächtnis hängen bleibt, wenn du beide Punkte miteinander kombinierst – Lernen kurz vor dem Schlafen und das Verwenden von Karteikärtchen, die man auch ganz kreativ als »lose Buchseiten« bezeichnen könnte.

Lernen am Abend – erquickend und labend …

Du kannst diesen Effekt natürlich nicht nur für schulische Dinge nutzen. Es betrifft alle Informationen, die für dein Gehirn neu sind. Auch ein spannendes Buch bringt neue Erkenntnisse – du lernst unbekannte Wörter kennen, entwickelst Fantasie und kannst beobachten, ob das Verhalten des Helden in bestimmten Situationen intelligent oder aber einfach nur blödsinnig ist. Deswegen ist es also völlig okay, wenn du abends heimlich im Bett noch ein Buch liest. Du darfst es nur nicht übertreiben, damit du am nächsten Tag nicht völlig übermüdet bist. Der Rat, sich »etwas unter das Kopfkissen zu legen«, ist im Übrigen schon ziemlich alt. Auch ohne die neuen Forschungsergebnisse ist den Menschen wohl schon lange klar, wie gut das Lernen vor dem Einschlafen ist.

In diesem Zusammenhang konnten die Wissenschaftler noch etwas anderes nachweisen: Wer am Vormittag etwas lernt und anschließend einen Mittagschlaf hält, kann sich am Nachmittag besser daran erinnern als jemand, der kein Nickerchen gemacht hat. Ich selbst fand als Jugendlicher Mittagschlaf vollkommen dämlich und auch als Erwachsener kann ich ihn im Berufsalltag leider nicht unterbringen. Allerdings ist mir vor einigen Jahren in England eine beeindruckende Person begegnet, die das Thema Mittagschlaf sehr ernst nahm und noch viel mehr daraus machte: Sie hieß Vanda, war zu dieser Zeit ungefähr 55 Jahre alt und mit unheimlich vielen Dingen beschäftigt. Sie schrieb Bücher, organisierte Meisterschaften im Gedächtnissport, hielt Vorträge und hatte trotzdem noch Zeit für Familie und Freunde. Sie erzählte mir damals, dass sie nicht nur ein- oder zweimal, sondern mehrmals innerhalb von 24 Stunden schlief. Meistens reichten ihr 30 Minuten, manchmal schlief sie auch länger – bis zu zwei Stunden am Stück. Diesen Rhythmus hielt sie sowohl tagsüber als auch in der Nacht durch. Wenn sie müde war, dann legte sie sich für einige Zeit hin, anschließend ging es weiter. Bücher schrieb sie am liebsten ab drei Uhr morgens. Insgesamt benötigte sie täglich nicht mehr als vier oder fünf Stunden Schlaf. Sie machte auf mich trotz der vielen Arbeit und des wenigen Schlafs einen glücklichen und ausgeglichenen Eindruck. Offenbar hatte sie durch ihr besonderes Schlafverhalten das Zusammenspiel zwischen Erholung, Lernen und Schlafen ausgenutzt und verbessert.

Hier meldet sich dein Gehirn:

»Wenn du abends nicht ins Bett findest und dich morgens oft müde fühlst, dann bin ich daran schuld. Als dein Gehirn steuere ich, wann am Abend die Schlafsubstanz »Melatonin« ausgeschüttet wird und dich müde macht. Bei Kindern oder Erwachsenen beginne ich damit bis zu zwei Stunden früher. Eigentlich wäre es deshalb besser, für Jugendliche die Schule morgens etwas später beginnen zu lassen als bei den jüngeren Schulkindern.«

Lass dein Gehirn im Schlaf für dich arbeiten!

Heutzutage weiß man auch, dass das Gehirn im Schlaf nicht nur Wissen abspeichert, sondern mit den neuen Informationen arbeitet. Es ist schon häufig vorgekommen, dass Menschen sich tagsüber intensiv mit einem schwierigen Problem beschäftigt haben und ihnen über Nacht plötzlich die Lösung hierzu einfiel. Das Gehirn hat die Gedankengänge vom Tag fortgesetzt und teilweise neue Lösungswege ausprobiert.

Zum Abspeichern und zum Kombinieren verschiedener Gedächtnisinhalte durchläuft unser Gehirn verschiedene Schlafphasen. Sobald wir eingeschlafen sind, fallen wir zuerst in eine Phase mit leichtem Schlaf. Leise Geräusche nehmen wir nicht mehr wahr. Bereits nach rund 30 Minuten beginnt unsere erste Tiefschlafphase. Würden wir nun geweckt werden, dann wären wir ziemlich durcheinander und bräuchten einige Zeit, um uns zurechtzufinden. Die erste Tiefschlafphase dauert bis zu einer Stunde. Anschließend folgt bald die erste REM-Phase. REM bedeutet hierbei »Rapid Eye Movement« – also »schnelle Augenbewegung«. Tatsächlich bewegen wir in diesem Schlafabschnitt unsere Augen extrem hin und her, obwohl die Augenlider dabei geschlossen sind. Gerade jetzt finden die meisten unserer Träume statt, und wir schlafen nicht sonderlich tief.

Nun fragst du dich bestimmt, woher die Forscher wissen, in welcher Schlafphase sich ein Schläfer gerade befindet. In Deutschland gibt es hierzu über 300 Schlaflabors, in denen Menschen mit Schlafstörungen untersucht werden können. Unter Schlafstörungen versteht man hier, dass die Betroffenen zum Beispiel schlecht einschlafen können oder nachts immer wieder aufwachen. In einem solchen Schlaflabor befestigt man den Patienten etliche Drähte am Kopf und schließt sie an ein sogenanntes EEG an. EEG steht für das wirklich komplizierte Wort »Elektro-Enzephalographie«. Du könntest es dir mit der folgenden Geschichte merken: Ein Graf und sein Diener erkunden Afrika und wollen über die Träume der Ureinwohner ein Buch schreiben. Offensichtlich handelt es sich aber um Kannibalen, denn die beiden entdecken einen Marterpfahl mit einem alten Zeh daran. Der Diener ruft: »Ein Zeh am Pfahl? Oh Graf! Iih!« = Enzephalographie.

Mit einem EEG können die Wissenschaftler messen, wie aktiv die Neuronen, also unsere Gedächtnisspeicher im Gehirn, sind. Neuronen arbeiten mit elektrischen Impulsen – und das EEG misst, in welcher Geschwindigkeit und mit welchem Takt sie »feuern«. Hierdurch können die Forscher erkennen, ob die Nervenzellen wild durcheinander arbeiten (wie in der REM-Phase) oder gemeinsam im Takt (wie im Tiefschlaf). Innerhalb einer Nacht wechseln sich übrigens Tiefschlaf und REM mehrere Male ab. Anfangs sind die Tiefschlafphasen länger und häufiger. In der zweiten Hälfte der Nacht gewinnen dann die REM-Phasen mehr an Gewicht. Weitere sehr interessante Informationen über die Neuronen und den Aufbau des Gehirns findest du übrigens in Kapitel 3.

Leider kann man mit dem EEG nicht den Inhalt seiner Träume aufnehmen. Das wäre doch wirklich spannend, zumal wir uns morgens an die allermeisten unserer Träume nicht mehr erinnern können. Auch wenn du es nicht glaubst, aber der Mensch träumt in jeder Nacht mehrere Male. Du kannst im Traum zum Mond fliegen, bist eine gefeierte Balletttänzerin oder schießt mit einem Fallrückzieher das schönste Tor der Fußballbundesliga!

Eines funktioniert im Schlaf aber leider wohl nicht: neues Wissen aufzunehmen. Die Wissenschaftler konnten bislang nur nachweisen, dass man über das leise Abspielen von Geräuschen bereits gelerntes Wissen festigen kann. Das Experiment funktionierte so: Den Teilnehmern wurden 50 unterschiedliche Bilder gezeigt. Sie mussten sich die Lage der Bilder auf einem Monitor merken. Bei jedem Bild wurde außerdem ein passendes Geräusch abgespielt. Wenn zum Bei-

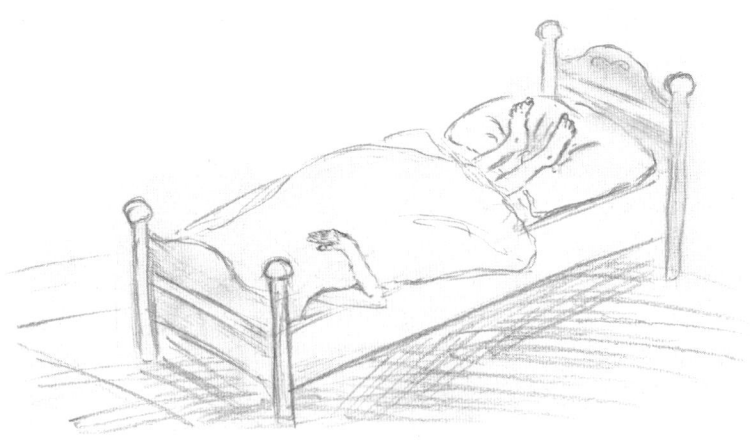

spiel ein Auto gezeigt wurde, dann hörten die Teilnehmer einen Motor brummen. In der nächsten Nacht wurde ihnen dann im Schlaf die Hälfte der Geräusche leise vorgespielt. Die andere Hälfte ließ man weg, damit man den Unterschied messen konnte. Und tatsächlich gab es eine Überraschung: Die Teilnehmer konnten die Lage solcher Bilder viel besser benennen, deren Geräusche sie nachts im Schlaf gehört hatten.

Nach den aktuellsten Erkenntnissen bringt es aber kaum etwas, nachts leise eine CD mit Englisch-Vokabeln laufen zu lassen, um am nächsten Tag die neuen Vokabeln zu beherrschen. Etwas Zeit und Mühe muss deshalb leider jede Schülerin und jeder Schüler aufwenden, und auch du solltest beim Lernen immer wieder Geduld mit dir und deinem Gehirn haben.

Kommen wir deshalb noch einmal kurz zurück zu den Karteikarten. Wenn du dich an den Plan gehalten hast, dann dürften einige Wochen vergangen sein, bis alle Kärtchen am Ende aus dem fünften Fach herausgewandert sind. Du hast also das Lernen nicht in einem Block erledigt, sondern es wurde sehr stark auseinandergezogen. Viele kleine Einheiten hast du über einen langen Zeitraum verteilt und deinem Gehirn so die Chance gegeben, möglichst viel zu behalten.

Durch die Lernpausen erzielst du außerdem einen weiteren positiven Effekt, den ich auch bei mir im Training selbst feststellen konnte: Manchmal sitzt der Stoff im Gedächtnis nach einer Pause von mehreren Tagen sogar noch besser als vor der Pause. Ich habe das feststellen können, weil ich regelmäßig alle Trainingsergebnisse meiner Meisterschaftsvorbereitungen im Computer erfasse. Nach anstrengenden Meisterschaften lege ich meistens einige Wochen Trainingspause ein. Manchmal gingen sogar fast drei Monate ins Land, bevor ich mich wieder mit den Wettkampfdisziplinen beschäftigte. Normalerweise hätte ich erwartet, dass nach der langen Pause deutlich schlechtere Ergebnisse erzielt werden. In manchen Disziplinen gab es aber sogar Verbesserungen! Offensichtlich ist es so, dass das Gehirn nachts nicht nur den Lernstoff des letzten Tages verarbeitet, sondern auch weiter zurückliegende Inhalte. Selbst nach mehreren Wochen strukturiert es die Informationen teilweise noch um und stellt bei Bedarf zusätzlichen Speicher zur Verfügung. Durch die Verwendung der Lernkartei kannst auch du von diesem Effekt profitieren.

Du solltest dir aber über eine Tatsache immer im Klaren sein: Egal, ob du dir neues Wissen mühsam ohne Technik oder schnell mithilfe einer Gedächtnistechnik aneignest: Neuer Stoff muss immer wiederholt werden. Wie oft und in welchem Abstand du wiederholst, hängt davon ab, wie lange du den Stoff behalten möchtest. Allerdings wirst du feststellen, dass mit den Gedächtnistechniken auch das Wiederholen deutlich schneller geht und du dich sogar an mehr Dinge erinnerst. Die neuen Lernmethoden bringen dir also einen echten Zeitvorteil, und das Wiederholen kannst du dir mit dem Verteilen auf einen längeren Zeitraum wesentlich leichter machen!

Das Aufteilen in Lernblöcke ist übrigens auch während eines einzigen Tages sinnvoll. Statt mehrere Stunden am Stück zu lernen, sind zwei oder drei kleinere Lernabschnitte fast immer besser. Genau aus diesem Grund ist übrigens die beste Zeit für deine Hausaufgaben auch erst am Nachmittag. Direkt nach der Schule solltest du erst einmal deine Freizeit genießen. Viel Spaß!

Zusammenfassung:

- Dein Gehirn verarbeitet nachts alle neuen Infos und überträgt sie ins Langzeitgedächtnis. Hierzu nutzt es die unterschiedlichen Schlafphasen.
- Lernen vor dem Schlaf (auch dem Mittagschlaf) bringt sehr viel.
- Für größere Stoffmengen eignet sich prima eine Lernkartei. Die Karten wandern durch fünf Fächer. Schwere Karten werden öfter wiederholt als leichte.
- Auch mit Gedächtnistechniken muss wiederholt werden! Du sparst dir aber beim Einprägen und beim Wiederholen durch sie eine Menge Zeit.

12. Wie merkst du dir am leichtesten viele, viele Vokabeln? (Schwierigkeitsgrad **)

Vokalbellernen mit Fantasie

Weißt du eigentlich, was ein Babelfisch ist? Falls ja, dann bist du vielleicht traurig, dass es ihn nicht wirklich gibt. Ein Babelfisch kommt in dem etwas verrückten, aber sehr lustigen Buch »Per Anhalter durch die Galaxis« von Douglas Adams vor. Man steckt sich dort den kleinen, gelben und schleimigen Fisch einfach ins Ohr, und er übersetzt sofort fremde Sprachen. Da er sich direkt in das Gehirn seines Trägers einklinkt, versteht dieser automatisch alles – selbst wenn die Sprache noch so eigentümlich klingt und man noch niemals vorher damit etwas zu tun hatte.

Allerdings besitzen Kleinkinder im übertragenen Sinne tatsächlich einen eigenen Babelfisch. Jüngste Untersuchungen zeigen, dass Babys schon im Mutterleib auf die Melodie der eigenen Muttersprache hören. Französisch, Chinesisch oder Deutsch sind ja in der Klangmelodie sehr unterschiedlich. Das ungeborene Baby lernt bereits früh, diese zu unterscheiden.

Bei der Geburt ist der Sprachbereich im Gehirn natürlich trotzdem immer noch ziemlich leer. Wie eine neue Festplatte muss er im Laufe der kommenden Jahre mit Sprachgefühl sowie jeder Menge neuer Wörter gefüllt werden. Dies passiert bei den kleinen Kindern meist ohne größere Anstrengung und auf spielerische Art und Weise »fast nebenbei«. Kein noch so toller Computer wäre in der Lage, eine Sprache so perfekt zu erlernen wie kleine Menschenkinder.

Es reicht den Kleinen völlig aus, die Sprache zu hören. Irgendwann fangen sie an, die ersten Worte nachzusprechen, und sie werden von Monat zu Monat besser darin. Selbst mit zwei oder sogar drei Sprachen gleichzeitig kommt das menschliche Gehirn klar. Es gibt nicht wenige Kinder, die schon vor der Einschulung mehr als eine Sprache fließend sprechen können.

Je älter wir werden, umso schwerer fällt es unserem Gehirn, eine Sprache fast von allein zu erlernen. Man spricht hier von einem Zeitfenster, das sich langsam schließt. Jugendliche lernen eine Sprache nicht mehr so schnell wie ein Kleinkind. Für Erwachsene, die eine neue Sprache lernen möchten, ist dies dann immer mit erheblichem Lernaufwand verbunden.

Wenn du dieses Buch liest, dann ist dein eigener »Baby-Babelfisch« leider schon fast verschwunden. Das automatische Lernen von Englisch, Spanisch oder Latein funktioniert nicht mehr so leicht. Du könntest also ein paar gute Tricks gebrauchen. Wir beginnen erst einmal mit einer englischen Vokabel. Vielleicht kennst du sie sogar aus der Schule:

»Peitsche« heißt auf Englisch: *whip*

Um dieses Wortpaar zu lernen, schau dir zuerst die englische Vokabel an. Überlege, ob es ein deutsches Wort gibt, das ähnlich klingt: Die englische Übersetzung *whip* hört sich so ähnlich an wie »Wippe«. Natürlich sollte auch die englische Aussprache richtig sein – bestimmt kennst du schon die Worte *when*, *weather oder window*. Hier wird das »w« am Wortanfang genauso ausgesprochen wie bei *whip*.

Dir muss also das deutsche Wort »Wippe« einfallen, damit du auf das englische Wort kommst. Hierzu bildest du eine kleine Geschichte, z.B.: *Mit der Peitsche schlage ich immer wieder eine Seite der Wippe nach unten.* Versuch dir diese Bewegung sehr bildlich vorzustellen. Wenn du dann das deutsche Wort Peitsche übersetzen möchtest, läuft in deinem Kopf der folgende kleine Gedankengang ab: Peitsche – Wippe – *whip*. Von großer Bedeutung ist es, dass die Geschichte auch andersherum funktioniert, d.h. aus dem Englischen ins Deutsche. Du hörst das Wort *whip* – es erinnert dich an die Wippe. Was war mit der Wippe? Na klar, mit der Peitsche hast du sie wieder und wieder nach unten geschlagen.

Ich denke, das Prinzip ist klargeworden. Zur Übung gebe ich dir zwei weitere Vokabeln. Du findest auch gleich einen Vorschlag für ein deutsches Wort, das ähnlich klingt. Bitte überleg dir hierzu wieder kleine Verknüpfungen:

Mumie – *mummy* – klingt wie »Mami«
Dreieck – *triangle* – klingt wie »drei Engel«

Ich hätte mir die Vokabeln so gemerkt:

»Mumie« – *mummy*: Die Mumie ist in Wirklichkeit meine Mutter, die sich von Kopf bis Fuß mit weißen Verbänden umwickelt hat. Erst erschrecke ich mich, aber dann erkenne ich meine Mami und bin erleichtert.

»Dreieck« – triangle: Natürlich hat ein Dreieck genau drei Ecken, daher der Name. Stell dir einfach vor, dass in jeder Ecke ein Engel sitzt und dich anlächelt. Wie viele Engel schauen dich also an? Klar, genau drei Engel! Wenn du nun die Aussprache der »drei« eher wie »trei« klingen lässt, dann ist die englische Übersetzung für dein Gehirn wirklich einfach zu verarbeiten, und du wirst die Vokabel schnell parat haben.

Bei etwas schwierigeren Wörtern darf man auch Zerlegungen benutzen: Die englische Übersetzung für »Patrone« (vom Füller) lautet *cartridge*. Spricht man das Wort aus, klingt es wie »Kart« und »ritsch«. Deine Merkgeschichte könnte dann also lauten: Aus der Patrone spritzt die Tinte auf eine Karte. Weil du sie danach aber nicht mehr gebrauchen kannst, zerreißt du sie mit einem lauten Geräusch: »Ritsch!« Denk wieder daran, dass die Merkverknüpfung in beide Richtungen funktionieren muss:

Patrone (Tinte) – Karte – ritsch – *cartridge* und

cartridge – Karte – ritsch – (Tinte) – Patrone

Auch die Teilnehmer der Deutschen Gedächtnismeisterschaften zeigen regelmäßig, dass diese Technik super funktioniert. Bei den Kindern und Jugendlichen gibt es eine Vokabel-Disziplin. In nur 5 Minuten müssen sie sich so viele Vokabeln wie möglich merken. Es werden ausschließlich Fantasievokabeln benutzt. So bedeutet »klamlie« vielleicht »springen«, und »Fenster« heißt auf einmal »Zikmatro«. Niemand hat einen Vorteil, denn sämtliche Vokabeln sind frei erfunden. Die Teilnehmer müssen sich aber zum Glück nicht an die komplizierten Vokabeln erinnern, sondern finden diese vor sich auf dem Wiedergabeblatt. Sie schreiben dann die deutsche Übersetzung daneben. Allerdings wurde die Reihenfolge der ausgedachten Vokabeln komplett geändert. Der deutsche Rekord in 5 Minuten liegt übrigens bei sage und schreibe 57 Vokabeln und ist gleichzeitig auch der aktuelle Weltrekord!

Für diese tolle Leistung wurde übrigens genau dieselbe Vokabel-Technik verwendet, die ich gerade beschrieben habe. Es wäre doch gelacht, wenn du nicht mindestens zehn Vokabeln in derselben Zeit schaffen kannst. Du musst einfach an dich glauben und es ausprobieren. Die Merkgeschichten für die beiden Beispiele könnten übrigens lauten: Wir springen auf unserem Bett klammheimlich (*klamlie*). Und: Zum Fenster schaut eine Zicke herein, auf der ein Matrose sitzt (*Zikmatro*).

Wir wollen uns nun einmal die Frage stellen, ob diese Technik auch in der Sprechpraxis angewandt werden kann. Schließlich solltest du beim Sprechen nicht zu viele Pausen einlegen, um fehlende Vokabeln im Kopf zu suchen. Dein Englischlehrer und die Klasse würden im Unterricht sicherlich ungeduldig werden, wenn es zu lange dauert. Aber ich kann dich beruhigen: Wenn die Verknüpfung erst einmal sitzt, dann läuft die Geschichte in deinem Kopf sehr, sehr schnell ab.

Außerdem benötigt dein Gehirn nur für die ersten zwei bis drei Wiederholungen die Merkformel. Anschließend ist die Vokabel im Kopf so fest verankert, dass sie dir in den meisten Fällen auch ohne Geschichte sofort in den Kopf schießt.

Hier meldet sich dein Gehirn:

»Wenn du eine Vokabelliste aus deinem Englischbuch lernst, dann trickse ich dich leider manchmal heimlich aus. Ohne dass du es merkst, verknüpfe ich die Vokabeln miteinander. Ich kann mich nämlich leichter an ein Wort erinnern, wenn es in einer festen Reihenfolge erscheint!

Leider ist das aber beim Abfragen im Unterricht nicht der Fall!«

Sätze sind besser als lose Wörter

Du kannst aber noch viel mehr tun, als nur die einzelnen Vokabeln stur auswendig zu lernen. Eine Sprache lernt man nämlich am besten mit ganzen Sätzen, was leider von den Lehrern oft nicht beachtet wird. Versuche also immer, neue Vokabeln gleich in einen Satz zu packen. Sie werden hierdurch im richtigen Zusammenhang mit anderen passenden Wörtern verwendet, und auch die Grammatik kommt nicht zu kurz. Schließlich unterhältst du dich ja auch in ganzen Sätzen und nicht mit einzelnen Wörtern, oder?

Wenn nun der Englischlehrer in der nächste Woche die Vokabeln aus dem neuesten Kapitel abfragen will, dann gehe am besten wie folgt vor: In deinem Englischbuch findest du am Ende des Kapitels meist die komplette Vokabelliste. Blättere von dort aus zurück und suche die Sätze heraus, in denen diese Vokabeln vorkommen.

Dann bereitest du den nächsten Lernschritt vor. Nimm einen Satz leere Karteikärtchen zur Hand. Sie sind in fast jedem Kaufhaus erhältlich und das Beste, was du zum Lernen benutzen kannst. Natürlich ist es auch möglich, dass du die Kärtchen selbst aus weißem Papier herstellst. Im Kapitel 11 habe ich genau beschrieben, wie du eine solche Lernkartei benutzen solltest.

Auf jede Karteikarte schreibst du einen der Sätze. Auf der einen Seite sollte der deutsche Satz stehen und auf der anderen Seite die englische Übersetzung. Es kostet dich für das einzelne Kapitel nicht viel Zeit, aber Stück für Stück baust du dir eine tolle Lernunterstützung auf, die du auch noch im nächsten Schuljahr verwenden kannst.

Eines darfst du aber niemals vernachlässigen: Benutze beim Lernen der Sätze nicht nur dein Gehirn, sondern auch deine Zunge! Sprich die Sätze aus und korrigiere dich laut, wenn etwas noch nicht ganz rund war.

Nun ist schon die erste Hälfte des Kapitels vorbei, und du hast einige Tipps bekommen, wie man sich besser Vokabeln merkt. Später bekommst du es noch mit lateinischen Sätzen zu tun. Um dich schon etwas neugierig zu machen: Es handelt sich um Zitate von Asterix und Obelix!

Und hier noch weiterer Tipp, den ich dir mit auf den Weg geben möchte. Du weißt ja bestimmt, dass zu viel Fernsehen nicht so super ist – vor allem, weil es einfach viel Zeit kostet. Ein Film dauert meist um die zwei Stunden, in denen du auch lesen, Fußball spielen oder dich mit deinen Freunden treffen könntest. Aber Hand aufs Herz – manchmal ist Fernsehen einfach ein schöner Zeitvertreib, und die richtig guten Filme solltest du dir natürlich nicht entgehen lassen. Jetzt verbinde doch einfach das Angenehme mit dem Sinnvollen: Schau dir die Filme auf Englisch an! Auf fast jeder DVD kann man verschiedene Sprachen einstellen. Wenn du noch nicht alle Sprechszenen verstehen kannst, dann schalte beim ersten Mal einfach die deutschen Untertitel dazu. Außerdem sind deine Eltern mit Sicherheit einverstanden, dass du dir den Film auch ein zweites oder drittes Mal anschaust, wenn du es mit deinen besseren Englischkenntnissen begründen kannst.

Ob Asterix wirklich Latein konnte?

Kommen wir nun noch zu den versprochenen lateinischen Zitaten von Asterix und Obelix. Schon seit 1959 gibt es die tollen Geschichten mit den zwei Freunden aus Gallien (weitgehend das heutige Frankreich). Immer wieder müssen sie sich in ihrem Dorf gegen die angreifenden Römer verteidigen. Dank eines geheimen Zaubertranks besitzen sie aber übermenschliche Kräfte und fahren einen Sieg nach dem anderen über die römischen Heerscharen ein. Da die Römer zu damaligen Zeiten Latein sprachen, tauchen in den Heften viele lateinische Zitate auf. Schon seit über 50 Jahren lernen nun die Asterix-Fans diese Sprüche begeistert auswendig. Ich habe dir einmal einige Zitate aus den Heften zusammengesucht, um dir zu zeigen, wie man sie lernen kann.

Beginnen wir mit dem wohl bekanntesten Römerspruch:

Alea iacta est – Der Würfel ist gefallen!
(aus: Band 8 – Asterix bei den Briten)

Dieser Spruch bedeutet im übertragenen Sinn, dass man die Situation nicht mehr ändern kann, dass die Entscheidung gefallen ist. Du könntest ihn dir damit merken, dass der Würfel von einer Schar hungriger Jacken gejagt und dann verspeist wird:»Alle Jacken essen.« Die drei Worte klingen ähnlich wie der lateinische Spruch *Alea iacta est*. Für unser Gehirn reicht dieser Hinweis, und unser natürliches Gedächtnis bastelt den Satz dann allein richtig zusammen.

Concurso! – im Laufschritt!
(aus: Band 27 – Der Sohn des Asterix)

Das deutsche Wort Konkurs hört sich fast wie *concurso* an. Ein Konkurs ist übrigens, wenn ein Unternehmen pleitegeht. Was passiert, wenn ein Konkurs droht? Alle Arbeiter müssen noch schneller schuften, um den Betrieb zu retten – im Laufschritt! (die armen Arbeiter...).

Errare humanum est! – Irren ist menschlich!
(aus: Band 7 – Asterix bei den Goten)

Wer einen Fehler macht, kann mit dem Spruch»Irren ist menschlich« schnell auf etwas Verständnis hoffen. Der folgende deutsche Spruch klingt zumindest etwas ähnlich:»Erraten Hummeln es?« Wenn die Menschen sich nun geirrt haben, vielleicht wissen es die Hummeln ja besser? Du solltest den lateinischen Spruch auf jeden Fall nochmals laut sprechen, dann reicht deinem Gehirn der Hummelspruch zum Erinnern aus. *Errare humanum est!*

In dubio pro reo   Im Zweifel für den Angeklagten
(aus: Band 18 – Die Lorbeeren des Cäsar; Gefängnisinschrift)

Dieser Satz taucht nicht nur bei Asterix auf, sondern auch heutzutage noch in den Gerichten. Wenn man einem Verdächtigen nicht nachweisen kann, dass er der Schuldige ist, dann muss er freigesprochen werden. Mir fiel hierzu sofort der Satz»In Dubai proben Rehe« ein. Den Namen Dubai hast du bestimmt schon einmal gehört. Dieses arabische Emirat protzt geradezu mit Superlativen: Dort gibt es höchste Gebäude (mit 828 Metern Höhe) und riesige, künstlich aufgeschüttete Inseln, die wie eine Palme oder wie die Kontinente aussehen und selbst noch aus dem Weltall erkennbar sind. Und demnächst lassen sie dort vielleicht auch noch Rehe für ein eigenes Strafgericht proben?»In Dubai proben Rehe« für die Rollen als Richter und als Staatsanwalt! Aber auch sie lassen Unschuldige laufen: *In dubio pro reo!*

Carpe diem – Pflücke den Tag/Nutze den Tag
(aus: Band 11 – Asterix und der Arvenerschild; auf dem Schreibtisch von Keuchhustus)

Carpe diem steht für die Aufforderung, den Tag nicht einfach verstreichen zu lassen, sondern ihn für sich zu nutzen. Um ihn dir zu merken, könntest du die deutschen Wörter »Karpfen dienen« verwenden. Sie klingen ähnlich und lassen sich in eine kleine Geschichte einbauen: Damit du an einem Tag richtig viel schaffst, lässt du noch ein paar Karpfen für dich dienen. Stell dir einfach vor, wie lustig es aussehen würde, wenn ein Karpfen auf seiner Hinterflosse eilig herbeihüpft, um dir deine Wünsche zu erfüllen. So bleibt der Tag nicht ungenutzt. *Carpe diem!*

O tempora! O mores! – O Zeiten! O Sitten!
(aus: Band 11 – Asterix und der Arvenerschild)

O Tempos (gemeint sind die Taschentücher) – O Moore!
   Stell dir vor, dass man im Mittelalter Leute mit Schnupfen in die tiefen Moore geworfen hat, wenn sie sich nicht mit Tempos die Nase putzten. Es waren eben harte Zeiten und die Sitten ganz schön rau …

Vade retro! – Weiche zurück!
(aus: Band 11 – Asterix und der Arvenerschild)

Wollen sich deine Geschwister vielleicht nicht von deinem Standpunkt überzeugen lassen, oder stellen sie sich dir gar in den Weg? Dann könntest du den

Spruch »*vade retro!*« anbringen. Hierzu passt ganz gut der deutsche Satz »Die Wade vom Reh liegt in der Truh'.« Du musst dir nur die Abfolge »Wade – Reh – Truh'« merken, und schon sitzt der Lateinspruch. Wie bekommt man aber nun die deutsche Übersetzung damit verknüpft? Vielleicht liegt die Rehwade in der Truhe schon sehr lange und gammelt dort vor sich hin. Du öffnest die Truhe und der Gestank schlägt dir entgegen. Keuchend schnappst du nach Luft und rufst deinem Bruder oder deiner Schwester zu: »Weiche zurück!«

Übrigens kann man mit einem passenden Zitat an der richtigen Stelle ziemlich beeindrucken. Wirst du von deinen Eltern verdächtigt, mal wieder etwas angestellt zu haben? Stammen die Dreckspuren auf dem Wohnzimmerteppich vielleicht von dir, weil du mal wieder die Schuhe nicht ausgezogen hast? Dann zeige ihnen mit einen Asterix-Spruch und einem Lächeln, dass es wohl sehr schwierig sein wird, dich zu überführen: »*In dubio pro reo!*«

Und sollte dir trotz allem einmal die Übersetzung für einen lateinischen Satz nicht einfallen, dann zitiere einfach René Goscinny – einen der Schöpfer von Asterix. Von ihm stammt der Spruch: »Ich kann keine Fehler machen ... ich habe nämlich nie Latein gelernt!«

Zusammenfassung:
- Um neue Englischvokabeln zu lernen, sollte man sich deutsche (oder bereits bekannte englische) Wörter suchen, die ähnlich klingen. Verknüpfe beides in einer kleinen Merkgeschichte.
- Vokabeln lernen sich besser, wenn du sie gleich in ganzen Sätzen unterbringst.
- Bau dir Stück für Stück eine Lernkartei mit den Sätzen auf und versuche so, der Klassenbeste in Englisch zu werden.
- Schau dir Filme in der Originalsprache an und verbessere so deine Fremdsprachenkenntnisse.
- Carpe diem! – Pflücke dir den Tag, denn du bist ein Gewinner!

13. Wie kannst du dir Gedichte und Songtexte besser merken? (Schwierigkeitsgrad *)

In der Schule kommt es immer mal wieder vor, dass der Lehrer als Hausaufgabe ein Gedicht verteilt. Bis nächste Woche möge man es – bitte schön – auswendig lernen. Oft handelt es sich dann um ein Werk von Goethe oder Schiller. An dieser Stelle stöhnt meistens die ganze Klasse auf, weil solche »alten Schinken« einfach nicht besonders spannend sind.

Genau hier fängt das Problem schon an. Wenn man eine Aufgabe von Anfang an blöd findet und eine innere Barrikade aufbaut, macht man sich das Lernen unnötig schwer. Was würde eigentlich passieren, wenn man mit etwas Neugier an die Aufgabe herangeht? Nichts Schlimmes! Du könntest höchstens erstaunt sein, mit welcher Fantasie sich die deutschen Dichter schon damals spannende Geschichten ausgedacht haben. Bei Schiller gibt es zum Beispiel einen Klippenspringer, der unter Lebensgefahr einen goldenen Becher aus dem wilden Meer holt. Ein anderer Held lässt sich bei Goethe mit dem Teufel ein und trickst ihn am Ende aus. Solche Storys kennt man gewöhnlich eher aus dem Fernsehen. Natürlich ist die alte Sprache der Dichter etwas gewöhnungsbedürftig, klingt aber bei genauerer Betrachtung gar nicht so schlecht.

Wenn du nun also auf den Text neugierig geworden bist, dann steht als Nächstes das Kennenlernen auf dem Plan. Man sollte niemals ein Gedicht einpauken, das man noch nicht ein einziges Mal komplett durchgelesen hat. Erst wenn du das Ende kennst und den Aufbau verstanden hast, kann das Abenteuer Auswendiglernen überhaupt erfolgreich sein.

Mach es dir zur Angewohnheit, unbekannte Wörter immer nachzuschlagen.

Auch hierdurch machst du dir das Leben leichter, weil die Wörter für dich dann einen Sinn ergeben.

Anschließend solltest du das Gedicht mehrmals laut vorlesen. Jetzt wirst du dich bestimmt fragen, wozu das denn gut sein soll? Der Grund ist ganz einfach: Jedes Gedicht hat seinen eigenen Rhythmus. Nach dem ersten Lesen kennst du den Inhalt des Gedichts und kannst dich nun besser auf den »inneren Takt« – den Rhythmus – konzentrieren. Dein Ziel ist ja am Ende, es sicher und vor allem mit Betonung vorzutragen (und damit deinen Lehrer zu beeindrucken).

Ein Gedicht wird gerappt

Damit du eine Vorstellung davon bekommst, wie völlig unterschiedlich Sprechweisen wirken können, versuche dich einmal am folgenden kleinen Vierzeiler auf die beschriebenen Arten:

1. Lies es zuerst leise.

> Kleines Gedicht –
> Du schockst mich nicht.
> Ich lern dich schnell!
> Mein Kopf ist hell!

2. Dann lies es laut, aber leiere es voll gelangweilt runter. Vielleicht schaffst du es sogar, ein wenig traurig zu klingen.
3. Nun betone es so übertrieben, als ginge es um dein Leben.
4. Beim letzten Mal versuchst du es wie ein Streetgangster und mach einen kleinen Rap draus. Damit du gut in den Rhythmus hineinfindest, schnipse dazu mit den Fingern und wiederhole die kleine Strophe ruhig mehrmals hintereinander.

Hast du gemerkt, wie du dem Text einen völlig anderen Charakter geben kannst? Wenn du vor der Klasse oder dem Lehrer ein Gedicht vorträgst, dann liegt es nur an dir und deiner Vortragsweise, ob es deinen Zuhörern gefällt.

Jetzt versuch einmal, den Vierzeiler aufzuschreiben (ohne nochmals nachzu-sehen). Ich bin felsenfest davon überzeugt, dass dich diese kurzen Zeilen nicht geschockt haben und sie dir komplett einfallen. Fällt dir auf, dass das mehr-malige Lesen zum Lernen ausreicht? Auf dein Gedächtnis ist eben Verlass! (Du kannst dich an die Zeilen nicht erinnern? Sei ganz ehrlich: Hast du sie wirklich einmal leise und anschließend dreimal laut gelesen??)

Bei längeren Gedichten darfst du deinem Gehirn nicht zu viele Informationen auf einmal geben. Teile das Gedicht in Unterabschnitte ein. Die Abschnitte soll-ten so beschaffen sein, dass du sie jeweils am Stück lernen kannst. Vielleicht fängst du erst einmal mit vier Zeilen an. Je mehr du in Übung kommst, umso schneller verarbeitet dein Gehirn die Zeilen. Wenn der erste Abschnitt sitzt, nimm dir den nächsten vor. Wiederhole anschließend alles direkt am Stück, be-vor du dich einem weiteren Teil zuwendest. Wenn du also z. B. bei der vierten Strophe angelangt bist, dann solltest du immer die Strophen 1 bis 4 komplett nochmals aufsagen.

Hier meldet sich dein Gehirn:

Eigentlich mag ich Gedichte – nicht nur die kur-zen! Mein Speicher ist groß genug, um Tau-sende Reime auswendig zu lernen. Damit wir zusammen richtig gut funktionieren, solltest du am besten abends die Gedichte lernen. Wenn du dann eingeschlafen bist, ist für mich noch lange nicht Feier-abend. Ich kann dann die Reime in Ruhe abspeichern, und am nächsten Tag fällt dir das Wiederholen schon viel leichter.

Der zerstreute Lehrer

Ich habe dir ein weiteres Gedicht mitgebracht, das schon zwei Strophen enthält. Bitte mach es wieder genau so, wie vorhin beschrieben: erst leise und dann in unterschiedlichen Betonungen laut lesen.

Der zerstreute Lehrer

Der Lehrer ruft im Klassenraum:
»Kann mich keiner hören?
Denn ich möchte euch noch schnell
Deutsch und Kunst erklären!«

Doch außer einer kleinen Maus
bewegt sich nichts im Zimmer.
Sie piepst ganz mutig:»Keiner hier!
So ist es sonntags immer!«

Versuch dich zunächst an der ersten Strophe. Wenn du sie kannst (und ich denke, das geht nun sehr schnell), dann wende dich der zweiten zu. Am Ende sagst du das ganze Gedicht in einem Stück auf.

Ich hatte ja schon am Anfang geschrieben, wie wichtig es ist, den Text nicht von vornherein abzulehnen. Vielleicht hat dir das Mäusegedicht eben gefallen – vielleicht auch nicht. Aber es war auf jeden Fall sehr anschaulich und verständlich. Du kannst dir die Szene in Gedanken sehr gut vorstellen. Das nächste Gedicht soll dir einmal zeigen, wie wichtig diese Anschaulichkeit ist. Du brauchst es auf keinen Fall auswendig zu lernen!

Vergangenes gestaltet Sitten
(Nicht zum Lernen geeignet ...)

Der Inhalt der Besonderheit
ist bedingt durch Tradition.
Denn nur Überlieferung
bestimmt die echte Position.

Also, ganz ehrlich: Ich bekomme beim Lesen dieser Zeilen einen Knoten in den Kopf, obwohl ich sie selbst verfasst habe. Kannst du dir vorstellen, warum? Es ist nicht ein einziger Begriff darin enthalten, den man sich gut bildlich vorstellen kann! Unserem Gehirn fehlen einfach ein paar wichtige Anhaltspunkte. Wir kennen zwar jedes einzelne Wort und können auch den Text einigermaßen verstehen (es geht ungefähr darum, dass wir nur mit den Erfahrungen aus unserer Vergangenheit besondere Dinge erkennen können). Wegen der fehlenden Anschaulichkeit lehnt unser Gehirn aber den Inhalt sofort ab.

Herbert Grönemeyer singt im Klassenzimmer

Dass man einen Text auch ganz anders und viel bildlicher darstellen kann, zeigt Herbert Grönemeyer – einer der bekanntesten deutschen Sänger. Er hat schon 1986 einen Titel mit dem Namen »Kinder an die Macht« veröffentlicht. Hieraus stammen die folgenden Zeilen:

>»Die Armeen aus Gummibärchen.
>Die Panzer aus Marzipan.
>Kriege werden aufgegessen.
>Einfacher Plan, kindlich genial.«

Gerade die ersten beiden Zeilen sind absolut anschaulich. Tausende von Gummibärchen, die in Reih und Glied stehen, oder auch Marzipan-Panzer kann sich jeder Mensch super vorstellen.

Auch für die letzten beiden Zeilen fällt dir bestimmt schnell ein passendes Bild ein. Zeile drei erinnert vielleicht an einen schmatzenden Mund, in dem es immer wieder kleine Explosionen gibt (»Kriege werden aufgegessen«). Bei der vierten Zeile musste ich sofort an Wickie denken, den kleinen Wikinger, der mit seinen genialen Plänen immer wieder seinen Stamm rettet (»Einfacher Plan, kindlich genial«).

Mit diesen vier Ersatzbildern kann man jetzt etwas Wunderbares anstellen. Wir benutzen die Loci-Methode, die in Kapitel 9 ganz genau erklärt wird. Diese Gedächtnistechnik nutzt die räumliche Vorstellungskraft. Wir müssen uns lediglich vorher einen Raum oder ein Gebäude etwas genauer anschauen und eine kleine Loci-Route darin planen.

Nehmen wir zum Beispiel dein Klassenzimmer. Sicherlich sieht es so aus wie viele andere tausend Klassenzimmer dieser Welt auch. Man kommt zur Tür herein, steuert auf den Lehrertisch zu. Daneben steht der Stuhl vom Lehrer und

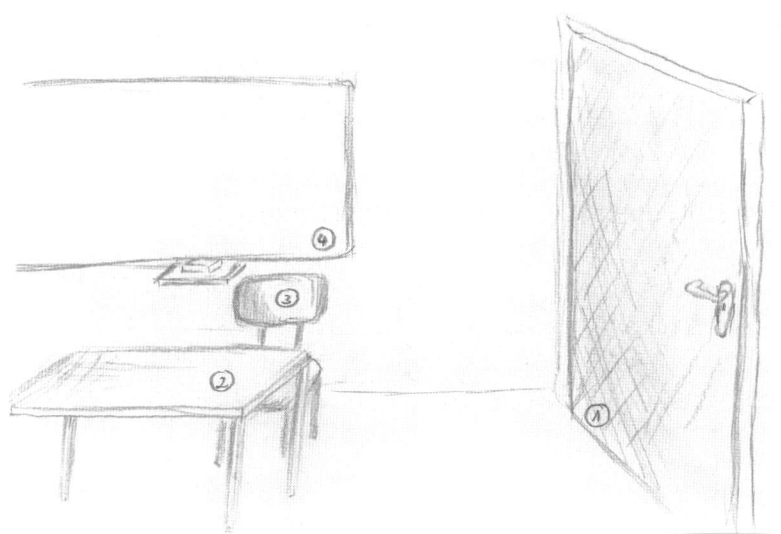

dahinter hängt die Tafel. Schon haben wir eine Route mit vier Loci: Tür, Lehrertisch, Stuhl und Tafel. Die Loci-Technik besteht nun darin, dass wir die Merkwörter der Gedichtzeilen mit den Loci-Punkten unserer Route verknüpfen:

> Durch die Klassenzimmer-Tür marschieren viele Gummibärchen.
> Auf dem Lehrertisch fährt ein kleiner Marzipanpanzer herum.
> Auf dem Stuhl verschluckt ein Mund lauter kleine Explosionen.
> An der Tafel steht Wickie und zeichnet seinen neuesten Plan an.

Angenommen, du sollst jetzt die ersten Zeilen vom Grönemeyer-Lied aufsagen und hast einen Texthänger. Dann könntest du in Gedanken deine Loci-Punkte abgehen. Schnell würdest du auf den helfenden Hinweis stoßen und könntest mühelos weitermachen. Übrigens musst du überhaupt nicht in diesem Klassenzimmer sein, um die Technik zu benutzen. Auch wenn du am anderen Ende der Welt wärst, kannst du dir das Klassenzimmer in Gedanken vorstellen. Die Merkverknüpfungen fallen dir überall ein.

Allerdings ist es relativ unpraktisch, bei langen Gedichten für jede einzelne Zeile ein passendes Merkwort zu suchen und dieses mit einem Loci-Punkt der Route zu verknüpfen. Es wäre zudem auch völlig unnötige Arbeit, weil unser natürliches Gedächtnis schließlich auch noch da ist. Meistens bekommen wir eine Strophe am Stück ganz gut hin. Die vier Zeilen sollten dir nur ein Beispiel geben, wie das Ganze funktioniert.

Die meisten Texthänger passieren normalerweise an den Strophenanfängen. Ist es dir auch schon einmal so ergangen? Erst läuft noch alles prima, und dann fällt einem der Anfang der nächsten Strophe nicht ein. Genau hier können wir mit der Loci-Technik ansetzen.

Wir suchen für jeden Strophenanfang einen passenden Ersatzgegenstand. Bei zehn Strophen hätten wir dann zehn Gegenstände, die wir mit zehn Loci zu einer Route verknüpfen. Unsere vier Loci reichen hier nicht mehr aus. Es ist aber sicherlich ein Leichtes für dich, in deinem Klassenraum oder deinem Kinderzimmer schnell die notwendige Anzahl von Loci zu finden und kurz auswendig zu lernen. Denk daran, dass du die Reihenfolge der Loci dauerhaft festlegst und diese dann nicht mehr verändern darfst.

Für den Anfang sollten die Erklärungen reichen. Auf jeden Fall lohnt es sich für dich aber, noch tiefer in die Loci-Methode einzusteigen und dir das Kapitel 9 – falls du es noch nicht getan hast – genau durchzulesen. Du kannst dir mit dieser Methode Hunderte von Wörtern, Zahlen oder Spielkarten merken.

Die Strafe des Weckers

Was macht man eigentlich, wenn das Gedicht in sich zwar sehr anschaulich ist, aber gerade die Strophenanfänge nicht immer sofort ein Bild bereithalten? Ich habe dir hierzu ein weiteres Gedicht mitgebracht. Zuerst – du ahnst es sicherlich schon – einmal still, einmal heruntergeleiert, einmal überbetont und einmal gerappt lesen!

Die Strafe des Weckers

Mein Wecker ist so furchtbar laut,
als müsse er sich wehren.
Als wolle ich mit meiner Hand
ihn das Fürchten lehren.

Das Schlimmste ist, er hat so Recht!
Denn morgens nach dem Läuten
könnte er den Klaps von mir
gar nicht anders deuten.

Doch wenn er einmal ruhig bleibt
und ich hab verschlafen?
Dann könnte ich vor lauter Wut
ihn wirklich mal bestrafen!

Nun brauchst du für die Anfänge der Strophen nur drei Loci auf deiner Route. Wir benutzen wieder das bekannte Klassenzimmer. Für den ersten Strophenanfang könntest du als Ersatzbild gleich deinen Wecker nehmen (»Mein Wecker ist so furchtbar laut«). Wir stellen ihn uns also mitten in der Tür vom Klassenzimmer vor, und jeder, der in den Raum möchte, muss darüber hinwegsteigen.

In der Strophe zwei wird es etwas komplizierter, einen passenden Ersatzbegriff zu finden:»Das Schlimmste ist, er hat so Recht!« Such dir einfach etwas, was für dich persönlich das Schlimmste sein könnte. Vielleicht für das Aufsagen des Gedichts eine Sechs zu bekommen? Plötzlich tanzt in Gedanken auf dem zweiten Loci-Punkt – dem Lehrertisch – eine Sechs auf und ab. Die Sechs wäre wirklich»das Schlimmste«.

Für Strophe drei (»Doch wenn er einmal ruhig bleibt«) könntest du einen schlafenden Wecker als Ersatzbild benutzen. Ich rate dir aber, lieber etwas anderes zu versuchen. Du brauchst einen Hinweis auf den Anfang der Zeile – am besten auf das allererste Wort »Doch«. Stell dir nun vor, dass auf dem Stuhl (unser dritter Loci-Punkt) ein Docht liegt, der langsam abbrennt. Von Docht kommst du sehr leicht zu dem Satzanfang»Doch«. Der Rest fällt deinem Gehirn dann bestimmt automatisch ein.

Nun nehmen wir also an, dass du ein längeres Gedicht für die Schule auswendig lernst. Irgendwann kommt dann auch der Tag, an dem du es vor der Klasse aufsagen sollst. Damit du hierfür optimal vorbereitet bist, übe das Gedicht mehrmals vor dem Spiegel. Du kannst dich dabei selbst beobachten und überprüfen, ob deine Körpersprache selbstbewusst wirkt. Es macht einen riesigen Unterschied, ob du mit einem krummen Rücken vor der Klasse stehst oder mit breitem Kreuz den Raum für dich einnimmst. Die Haltung spiegelt sich auch unbewusst in deiner Stimme wider. Dir ist doch bestimmt auch eine kräftige und deutliche Sprache beim Gedichtvortrag lieber als eine leise Stimme? Auch dein Gehirn erhält mehr Sicherheit. Du gerätst seltener ins Stocken, wenn du Vertrauen zu dir hast.

Ich weiß noch aus meiner Schulzeit, dass es manchmal nicht einfach ist, überzeugend ein Gedicht vorzutragen. Du kannst aber mit folgendem Trick arbeiten: Stell dir vor, dass du der Erschaffer dieser tollen Verse bist und deine Mitmenschen von deinem Werk beeindrucken möchtest! Und noch einen wichtigen Punkt darfst du niemals vergessen: Für einen mutigen und ausdrucksstarken Gedichtvortrag mit einigen Texthängern wird man oft besser bewertet als für einen fehlerlosen, aber piepsigen Vortrag.

Vielleicht hast du ja Lust bekommen, selbst einmal einige Zeilen zu verfassen? Dann beginne mit etwas Kurzem. An längeren Gedichten kannst du dich später immer noch versuchen. Gib den Reimen deinen ganz eigenen Rhythmus und überprüfe ihn durch Rappen. Hierdurch fallen dir kleine Stolperstellen im Text am schnellsten auf. Wenn du möchtest, kannst du mir deine eigenen Gedichte auch zusenden. Allerdings verrate ich dir hier noch nicht die E-Mail-Adresse. Um die geheime Internetseite herauszufinden, musst du erst in Kapitel 20 alle Fragen beantworten. Wenn du dich dann dort einwählst, siehst du gleich einen Unterpunkt »Gedichte senden«.

Zusammenfassung:

- Gedichte und Texte lernen sich am leichtesten, wenn du neugierig auf den Inhalt bist.
- Mehrmaliges lautes Lesen in unterschiedlichen Betonungen lässt dich den Rhythmus des Gedichtes spüren.
- Teile ein längeres Gedicht in mehrere Abschnitte ein und lerne die Strophen Stück für Stück.
- Benutze bei langen Gedichten die Loci-Methode. Hier werden für die Strophenanfänge passende Ersatzbilder gesucht und mit den Positionen einer Route fantasievoll verknüpft.

14. Wie kannst du an einer Gedächtnismeisterschaft teilnehmen? (Schwierigkeitsgrad *)

Der Gedächtnissport ist noch relativ jung – gerade, wenn man ihn mit der langen Geschichte des Schachs vergleicht. Es gab anfangs weltweit nur sehr wenige Teilnehmer. Der allererste Wettbewerb im Jahr 1991 wurde deshalb gleich als Weltmeisterschaft ausgetragen. Zum ersten Weltmeister wurde Dominic O'Brien gekürt – ein durchaus seriöser, Golf spielender Brite, der auch in den folgenden zehn Jahren den Gedächtnissport »domini«erte. Wenn du also bislang eher den Eindruck gehabt hast, dass Gedächtnissportler leicht durchgeknallte Superbrains sind, dann stimmt dies so nicht. Viele von ihnen gehen einem normalen Beruf nach und haben die Gedächtnistechniken in ihrer Freizeit intensiv trainiert.

Nach und nach wurden dann in einigen Ländern nationale Meisterschaften durchgeführt. Als allererstes Land der Welt begann Deutschland bereits im Jahr 1997 mit jährlichen Gedächtniswettbewerben. Bis zum heutigen Tag haben bereits in 15 weiteren Ländern nationale Wettkämpfe stattgefunden, und von Jahr zu Jahr kommen neue Länder hinzu. Die Gemeinde der Gedächtnissportler wächst, und wir dürfen alle sehr gespannt sein, was die Zukunft noch so bringt. Vielleicht findest ja auch du am Gedächtnistraining richtig viel Spaß und bist möglicherweise schon in einigen Monaten selbst Teilnehmer einer Meisterschaft? Das Leben hält jede Menge Überraschungen bereit, und du kannst unheimlich viel erreichen, wenn du es wirklich möchtest!

Wie sieht nun eine solche nationale Gedächtnismeisterschaft überhaupt aus? Natürlich ist es wichtig, dass möglichst in jedem Land dieselben Disziplinen und Bewertungen durchgeführt werden, damit die Leistungen weltweit vergleichbar sind. Auch in Deutschland ist deshalb genau festgelegt, wie eine Meisterschaft organisiert ist. Sie besteht insgesamt aus zehn Disziplinen, die an zwei zusammenhängenden Tagen durchgeführt werden. Es gibt kurze Disziplinen, die bereits nach wenigen Minuten vorbei sind, und lange, die bis zu 75 Minuten dauern können, wenn man die Einpräge- und die Wiedergabephase zusammenzählt.

Natürlich gibt es eine Trennung zwischen Erwachsenen und Jugendlichen. Die Jugendlichen werden nochmals aufgeteilt in die Kategorie Kinder (bis 12 Jahre) und Junioren (13 bis 17 Jahre). Die Disziplinen der Kinder und Junioren sind aber identisch.

Für einige Disziplinen der deutschen Meisterschaften muss vorher wirklich eine Menge trainiert werden, zumal gerade in unserem Land das Leistungsniveau inzwischen schon recht hoch ist. Für einen Neueinsteiger, der sich erst wenige Wochen oder Monate mit den Gedächtnistechniken beschäftigt, ist deshalb eine deutsche Meisterschaft anfangs nicht zu empfehlen.

Es gibt aber eine gute Nachricht für alle Newcomer: In Deutschland sind vor einigen Jahren zusätzlich kleinere regionale Meisterschaften ins Leben gerufen worden. Sie finden jeweils einmal im Jahr für Norddeutschland sowie für Süddeutschland statt und bestehen aus nur sieben Disziplinen. Hier könntest auch du deine ersten Wettkampferfahrungen sammeln und schauen, ob es dir Spaß macht, dein Gehirn mit anderen Gedächtnissportlern um die Wette qualmen zu lassen.

Die Nord- und die Süddeutsche Meisterschaft

Welche regionale Meisterschaft für dich infrage kommt, hängt vom Bundesland ab, in dem du lebst. Auf dieser Veranstaltung kann man sich dann für die Deutschen Jugendmeisterschaften qualifizieren. In der folgenden Grafik findest du den Bereich für Norddeutschland etwas dunkler und für Süddeutschland heller markiert:

Norddeutschland		Süddeutschland
Berlin		Baden-Württemberg
Brandenburg		Bayern
Bremen		Hessen
Hamburg		Rheinland-Pfalz
Meckl.-Vorpommern		Saarland
Niedersachsen		Sachsen
Nordrhein-Westfalen		Thüringen
Sachsen-Anhalt		
Schleswig-Holstein		

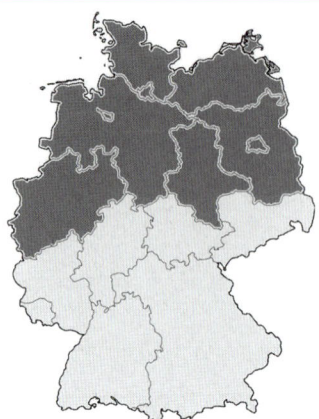

Ein Ohrstöpsel macht Probleme

Während einer Gedächtnismeisterschaft herrscht immer eine unheimlich ruhige und konzentrierte Atmosphäre. Jeder Teilnehmer sitzt an einem eigenen Tisch. Schließlich soll man gar nicht erst in die Versuchung kommen, beim Nachbarn nebenan mal kurz nachzuschauen und abzuschreiben. Natürlich haben Gedächtnissportler einen Ehrenkodex. Es ist selbstverständlich, dass alle Leistungen ohne Schummeln oder verbotene Hilfsmittel erzielt werden. Einige Hilfsmittel sind aber erlaubt, so dass die Tische von manchen Teilnehmern wirklich interessant aussehen. Hier liegen Unmengen von Traubenzuckerbonbons, Stifte, Obst, Müsliriegel bis hin zu Glücksbringern. Getränkeflaschen stehen bereit, da regelmäßiges Trinken sehr wichtig für das Gehirn ist. Selbst Jonglierbälle sind manchmal zu finden, weil das Jonglieren in den Pausen entspannend wirken soll und beide Gehirnhälften auf Trab hält. Viele der Teilnehmer benutzen außerdem während der Disziplinen Schallschutzkopfhörer. Diese sollen verhindern, dass man in einer hohen Konzentrationsphase durch Geräusche abgelenkt wird. Du kannst dir bestimmt vorstellen, wie deutlich man in einem ruhigen Raum die Schritte der Schiedsrichter, das Scharren eines Stuhls oder das Klicken eines Fotoapparates hören kann. Aber selbst ein solcher Kopfhörer reicht manchen Teilnehmern noch nicht. Sie benutzen zusätzlich kleine Ohrenstöpsel aus Wachs oder Schaumstoff, damit auch nicht das kleinste Geräusch stören kann. Vor Beginn jeder Disziplin gibt es eine kurze Ruhephase im Veranstaltungssaal, während der alle Teilnehmer bereits an ihren Tischen sitzen müssen. Viele schließen in der Zeit die Augen, um sich besser vorbereiten und konzentrieren zu können. Dann gibt der Hauptschiedsrichter das Startsignal:»Neurons on the ready – Go!«Was so viel bedeutet wie:»Neuronen an den Start – Los!«

Einmal ist es in dieser Situation zu einer unglücklichen und zugleich komischen Szene gekommen. Wegen des Kopfhörers und der zusätzlichen Ohrenstöpsel hatte ein Teilnehmer das Startsignal nicht gehört. Während um ihn herum bereits eifrig memoriert wurde, saß er da und wartete mit geschlossenen Augen darauf, dass es endlich losging. Dummerweise konnte ihm ja auch keiner zurufen oder zu ihm sprinten, damit er endlich anfängt. Schließlich dürfen die anderen Teilnehmer nicht abgelenkt und dadurch beim Einprägen gestört werden. Erst nach einiger Zeit merkte er, was los war, und startete eine wilde Aufholjagd. Natürlich hat er sich hierüber anfangs ganz schön geärgert– zumal ihm auch das Schmunzeln der Zuschauer nicht ganz erspart blieb. Wie überall im Leben passt an dieser Stelle das Sprichwort: Wer den Schaden hat, braucht für den Spott nicht zu sorgen. Am Ende hat aber auch dieser Teilnehmer selbst über sich lächeln können.

Ein Blick auf die Wettkampf-Disziplinen

Nun möchtest du bestimmt etwas mehr über die einzelnen Disziplinen erfahren. Es werden Punkte in sieben unterschiedlichen Übungen vergeben. Die Gesamtsumme aller Punkte entscheidet dann über die Platzierung in der Meisterschaft.

Disziplin 1 –»Names & Faces«: Die Teilnehmer erhalten Blätter mit vielen Porträtfotos von unbekannten Personen, zu denen man sich in fünf Minuten den Vor- und Nachnamen merken soll. Bei Meisterschaften in Deutschland handelt es sich fast immer um inländische Namen, wie Leo Schmidt oder Annette Schmalzheber. Erst bei den Weltmeisterschaften stehen auch einige asiatische, französische oder englische Namen auf dem Programm, die natürlich für unsere Ohren schon sehr viel komplizierter klingen, z. B. Yuan Chuanwei. Das ist aber durchaus gerecht, denn die chinesischen Teilnehmer haben ja auch mit unseren deutschen Namen zu kämpfen. Auf den Wiedergabebögen erscheinen wieder die Porträtfotos vom Anfang – allerdings in einer anderen Reihenfolge und natürlich ohne Namen. Für jeden richtigen Vornamen und Nachnamen erhält man einen Punkt. Wenn du es schaffst, von 15 Personen die richtigen Vor- und Nachnamen zu behalten, dann würdest du bei den Jugendlichen schon im vorderen Drittel liegen.

Disziplin 2 – »Speed Numbers«: Lediglich 5 Minuten stehen den Teilnehmern zur Verfügung, um sich möglichst viele Ziffern von 0 bis 9 einzuprägen. Bei Jugendlichen stehen 10 Ziffern in einer Zeile. Es gibt immer mehr Zeilen, als man für einen neuen Weltrekord benötigen würde. Besonders gemein ist die Bewertung. Wenn man alle 10 Ziffern richtig hat, erhält man 10 Punkte. Wenn nur eine einzige Ziffer falsch ist oder fehlt, wird die Punktzahl auf 5 halbiert. Ab zwei Fehlern gibt es für diese Zeile gar keine Punkte mehr. Es reicht also schon, wenn du versehentlich zwei der Ziffern miteinander vertauschst, um die Zeile zu entwerten. Es kommt eben nicht nur darauf an, sich viele Ziffern merken zu können, sondern diese auch möglichst sicher wiederzugeben.

Natürlich kommen bei den »Speed Numbers« das Twin-System und die Technik der Loci-Routen zum Einsatz. Während das Ganze für die Zuschauer vielleicht etwas langweilig aussieht, laufen in den Köpfen der Teilnehmer in Wirklichkeit spannende und fantasiereiche Geschichten ab. Ohne Twin-System und Loci-Technik macht eine Meisterschaftsteilnahme nicht wirklich Sinn, weil erst hierdurch die Aufnahmefähigkeit des Gehirns geradezu explodiert. Wenn du die Kapitel 6 (über das Twin-System) und Kapitel 9 (über die Loci-Technik) noch nicht gelesen hast, solltest du das jetzt dringend nachholen. Es lohnt sich!

Disziplin 3 – »Text«: Die ursprüngliche Idee dieser Disziplin bestand darin, dass innerhalb von 10 Minuten ein Gedicht auswendig gelernt werden sollte. Natürlich durften nur unveröffentlichte Gedichte verwendet werden, damit hier kein Teilnehmer einen Vorteil hatte. In den Anfängen des Gedächtnissports wurden daher oft vom Veranstalter selbst Gedichte verfasst. Leider ähnelten diese aber meist nicht im Entferntesten den Werken von Goethe oder Schiller, und die Teilnehmer mussten sich durch etwas holprige Reime quälen. Außerdem existierte bei den Weltmeisterschaften ein Übersetzungsproblem. Sollte ein englisches Gedicht ins Deutsche übertragen werden, dann blieben oft die Reime auf der Strecke. Aus diesen Gründen hat man sich bereits vor einigen Jahren auf internationalen Veranstaltungen von dieser Disziplin verabschiedet. Bei den regionalen Wettbewerben findet sie aber weiter Anwendung, allerdings muss nun ein Fließtext auswendig gelernt werden, der nicht in Reimform gepresst wurde. Meistens handelt der Text vom Veranstaltungsort oder vom Sponsor und enthält zwischen 4 und 10 Wörter je Zeile.

Für jedes gelernte Wort erhält man ebenso einen Punkt wie für jedes richtige Satzzeichen. Besonders wichtig ist die Unterteilung der Zeilen. Da ein Satz auch über mehrere Zeilen gehen kann, muss genau beachtet werden, bei welchem Wort die nächste Zeile beginnt. Oft merkt man erst bei der Wiedergabe, dass man gerade in den letzten gelernten Teilen den Text zwar sinngemäß verstanden hat, aber das ganz genaue Aufschreiben nicht mehr möglich ist. Die Bewertungsregeln sind auch hier streng, so dass es dann für viele Zeilen keine Punkte gibt. Das richtige Wiederholen ist daher bei dieser Disziplin besonders wichtig. In Kapitel 13 habe ich noch weitere Tipps für das Lernen von Texten gegeben.

Disziplin 4 – »Binary«: Bei den Binärzahlen handelt es sich wohl um die verrückteste Disziplin der Meisterschaften. Du erhältst ein Blatt mit Hunderten von Nullen und Einsen und hast gerade einmal fünf Minuten Zeit, dir möglichst viele davon einzuprägen. Allerdings gibt es hierfür eine ebenfalls etwas verrückte Technik, so dass die Zuschauer immer wieder über die tollen Leistungen verblüfft sind: Man wandelt zuerst sechs Binärzahlen in eine normale zweistellige Zahl um und benutzt im nächsten Schritt das Twin-System. Die Ersatzwörter aus dem Twin-System merkt man sich dann mithilfe der schon bekannten Loci-Methode. In Kapitel 18 ist die Umwandlung der Binärzahlen genau beschrieben. Mit etwas Training kann man leicht 100 oder 200 Binärzahlen in 5 Minuten auswendig lernen. Ohne eine Gedächtnistechnik wäre wohl nicht einmal ein Viertel hiervon möglich. Allerdings gibt es eine seit Jahren unbeantwortete Frage, die sich viele mit einem Augenzwinkern stellen: Warum, um Gottes willen, sollte man sich eigentlich Binärzahlen merken können?

Disziplin 5 – »Words«: Bei der Wörter-Disziplin handelt es sich um eine sehr schöne Übung. Das Ziel ist es, sich innerhalb von 5 Minuten möglichst viele Substantive, Adjektive und Verben einzuprägen. Während man sich Begriffe wie Haus, Motor oder Kamera leicht in Gedanken vorstellen kann, ist es mit anderen, wie z. B. Freiheit oder Anstrengung, schon schwieriger. Die Herausforderung hierbei ist es, sich sehr schnell passende Ersatzbilder zu suchen. Beispielsweise könnte man sich das Wort Freiheit mit einem jubelnden Gefangenen vorstellen. Ein schweißüberströmter Läufer würde sehr gut das Bild der Anstrengung verkörpern.

Bei einer Meisterschaft kann man die verschiedenen Wörter natürlich zu einer kleinen Geschichte verknüpfen und sich so die Reihenfolge merken. Allerdings ist auch hier die Loci-Methode der Geschichtenmethode deutlich überlegen.

Disziplin 6 – »Historical Dates«: Wenn ein Neueinsteiger zum ersten Mal von den Historischen Daten hört, denkt er oft an geschichtliche Ereignisse, die er schon in der Schule gelernt hat. Leider nützt aber dieses Wissen hier gar nichts. Es werden ausschließlich erfundene Ereignisse verwendet, damit selbst der berühmteste Geschichtsprofessor keinen Vorteil hat. Die Ereignisse klingen manchmal auch etwas eigenartig oder lustig. So soll im Jahr 1364 am Nordpol eine Eisdiele eröffnet worden sein, oder es wurde im Jahr 1833 eine neue Mäusemelkmaschine entwickelt. Auch wenn die Ereignisse manchmal zum Schmunzeln einladen, muss man während der Meisterschaft natürlich trotzdem konzentriert bleiben.

Insgesamt stehen für die Einprägephase 5 Minuten zur Verfügung, in denen sich die Teilnehmer möglichst viele Kombinationen aus Jahreszahlen und Geschichtsereignissen merken sollen. Zur Wiedergabe erhält man dann ein Blatt mit allen Fantasie-Ereignissen aus der Einprägephase. Leider ist aber die Reihenfolge der Ereignisliste komplett durcheinandergeraten, so dass die Zuordnung schon schwieriger ist. Die Aufgabe ist es nun, die Ereignisse mit den memorierten Jahreszahlen zu ergänzen.

Disziplin 7 –»Speed Cards«: Diese Übung ist die Königsdisziplin der Meisterschaften. Sie bildet den Abschluss aller Wettbewerbe und ist auch für die Zuschauer am spannendsten. Jeder Teilnehmer hat ein gemischtes 52-teiliges Kartenspiel vor sich auf dem Tisch liegen und soll sich dieses schnellstmöglich einprägen. Es stehen aber maximal fünf Minuten zur Verfügung. Bei den Juniorenmeisterschaften schaffen nur die wenigsten das komplette Kartenspiel. Bei den Erwachsenen sind aber viele dabei, die dies in weniger als zwei, ja sogar in weniger als einer Minute erledigen. Teilweise fliegen die Karten geradezu durch die Hände der Teilnehmer. Der aktuelle Weltrekord liegt phänomenal unter 22 Sekunden und zeigt, was wir mit unserem Gehirn alles anstellen können. Auch in deinem Kopf steckt so ein Hochleistungscomputer, und mit etwas Training schaffst du die Zeit von 5 Minuten locker. In Kapitel 10 findest du zu dieser Disziplin eine genaue Beschreibung.

Nun hast du in Kurzform alle sieben Disziplinen der Nord- und Süddeutschen Meisterschaften kennengelernt. Wenn du an einer Teilnahme interessiert bist, kannst du im Internet weitere Informationen zu Terminen oder Bewertungen finden. Entweder besuchst du die Internetseite des Veranstalters unter www.memoryxl.de, oder du schaffst es, alle Fragen aus dem letzten Kapitel zu beantworten. Die Lösungen führen dich dann zu einer geheimen Internetadresse, auf der noch mehr Hinweise gegeben und Tricks verraten werden. Diese neue Seite wird gleichzeitig mit dem Erscheinen dieses Buches veröffentlicht und ist über keine Suchmaschine zu finden.

Wie sollte nun dein Fahrplan für eine Meisterschaftsteilnahme aussehen? Am allerwichtigsten ist es, sich das **Twin-System** einzuprägen (Kapitel 6). Dir müssen ganz automatisch und ohne zu überlegen sofort die Ersatzbegriffe für alle zweistelligen Zahlen von 00 bis 99 einfallen. Du benötigst dieses System gleich für drei Disziplinen: Speed Numbers, Binary und Historical Dates. Wer das Twin-System am sichersten beherrscht, hat bei den Meisterschaften die größten Chancen. Genau aus diesem Grunde habe ich das bereits recht alte Mastersystem komplett überarbeitet. Mit den neuen Begriffen können Kinder und Jugendliche einfach mehr anfangen. Außerdem werden für die Umwandlung der zweistelligen Zahlen in die Ersatzwörter zwei unabhängige Wege genutzt: Zum einen der Weg über Buchstaben und zum anderen der Weg über die Form der Zahl. Der Ansatz ist ganz neu und wird in diesem Buch zum allerersten Mal beschrieben. Auch dir wird es damit bestimmt viel leichter fallen, das Twin-System zu erlernen.

Als weitere Voraussetzung benötigst du einige **Loci-Routen** (Kapitel 9). Die zu merkenden Begriffe werden hierbei in einem Raum gedanklich aufbewahrt – es handelt sich um eine äußerst effektive Gedächtnistechnik. Ich empfehle dir für folgende Disziplinen solche Routen zu suchen: Speed Numbers, Words, Binary und Speed Cards. Sicherlich ist es ausreichend, wenn jede dieser vier Routen eine Länge von 50 Loci-Punkten hat. Drei Routen mit jeweils 10 Loci wurden dir im Kapitel 9 bereits vorgestellt. Mit der Zeit wirst du immer besser werden und kannst dann deine Loci-Routen leicht um zusätzliche Punkte erweitern.

Wenn du dich auf die Suche nach neuen Loci-Punkten begibst, dann tu dir selbst einen großen Gefallen und schreib alle Punkte gewissenhaft auf. Leider vergisst auch das beste Gehirn den einen oder anderen Routenpunkt, und nichts ist ärgerlicher, als sich völlig unnötigerweise neu auf die Suche begeben zu müssen.

Was ist denn nun überhaupt das große Erfolgsgeheimnis der Sieger? Eigentlich besteht es nur aus zwei Teilen:

- das Üben der richtigen Techniken (diese kennst du nun)
- das Wissen, um wie viel man sich verbessert.

Gerade der letzte Punkt ist wichtig. Schreib dir wirklich <u>jedes</u> Trainingsergebnis auf, damit du sehen kannst, wie du dich verbessert hast. Es geht also nicht darum, <u>ob</u> du besser wirst, sondern darum, <u>wie</u> <u>schnell das passiert</u>. Die Techniken funktionieren nämlich bei jedem! Wenn du regelmäßig deine Ergebnisse auswertest, wirst du enorme Steigerungen erkennen und dich sehr stolz fühlen. Und genau diesen Stolz brauchst du, um motiviert zu sein. Motivation wiederum bedeutet für dich, dass du mit viel Spaß deinem Gehirn immer wieder neue Höchstleistungen entlocken kannst.

Zusammenfassung:
- Der Einstieg in den Gedächtnissport sollte bei der Nord- oder der Süddeutschen Meisterschaft erfolgen. Die Teilnahme an einem solchen Wettbewerb ist aufregend und bleibt lange in Erinnerung.
- Die sieben Disziplinen decken Zahlen, Gesichter, Texte, Spielkarten, Wörter und (erfundene) Geschichtsdaten ab.
- Das Erfolgsgeheimnis liegt im Twin-System, in ausreichend Loci-Routenpunkten – und natürlich im Training!
- Du solltest jedes Trainingsergebnis aufschreiben oder im Computer erfassen, damit du deine Fortschritte genau erkennen kannst!

15. Wie könntest du bei Quizshows richtig abräumen? (Schwierigkeitsgrad *)

Schon seit vielen Jahren gibt es im Fernsehen immer wieder Shows, bei denen man mit einem tollen Gedächtnis und einer guten Allgemeinbildung richtig viel gewinnen kann. Es scheint aber, als ob einige Fernsehsender noch nie etwas von Lerntechniken gehört haben, denn viele Spiele in diesen Shows sind für Gedächtnisprofis wie geschaffen, und mit den passenden Techniken könnte man leicht »richtig abräumen«.

Schon in den 70er-Jahren gab es die Sendung »Am laufenden Band«. Deine Eltern oder deine Großeltern kennen sie bestimmt noch. An den Kandidaten wurden auf einem Transportband verschiedene Gegenstände vorbeigefahren. Anschließend hatten sie etwas Zeit, sich an so viele Dinge wie möglich zu erinnern. Richtig erinnerte Gegenstände durfte man behalten – und hier ging es nicht nur um kleine Preise, sondern auch schon mal um Fernseher, Kühlschränke oder Flugreisen! Wer sich auch nur etwas mit der Loci-Methode auskannte und die Gegenstände auf seiner Loci-Route »ablegte«, der hätte hier locker den Großteil aller Preise abräumen können (zur Erklärung der Loci-Methode: siehe Kapitel 9). Da es der »Klassiker« der Gedächtnisshows ist, wird das laufende Band gern immer mal wieder hervorgeholt und im Fernsehen den Kandidaten präsentiert. In eine solche Sendung zu kommen, wäre für einen Gedächtnissportler im wahrsten Sinne der »Hauptgewinn«.

Bundeskanzler bringen uns nicht ins Schwitzen …

Eine andere Quizshow kennst du sicherlich ziemlich gut, nämlich »Wer wird Millionär?«. Leider geht es nicht darum, sich in der Sendung Dinge zu merken. Man muss schon eine sehr große Allgemeinbildung mitbringen, um auf dem Kandidatenstuhl möglichst viele Fragen beantworten zu können. Dieses Wissen kann man mit den Gedächtnismethoden und viel Zeit und Training aber durchaus erwerben.

Wir können uns als Beispiel einmal die deutschen Bundeskanzler anschauen. Danach wird bei »Wer wird Millionär?« immer wieder mal gefragt. Du findest in der folgenden Liste alle Bundeskanzler seit 1949 in der richtigen Reihenfolge (2005 übernahm erstmals eine Frau diesen Job):

Nr.	Bundeskanzler	Amtsantritt
1	Konrad Adenauer	1949
2	Ludwig Erhard	1963
3	Kurt Georg Kiesinger	1966
4	Willy Brandt	1969
5	Helmut Schmidt	1974
6	Helmut Kohl	1982
7	Gerhard Schröder	1998
8	Angela Merkel	2005

Du musst dir lediglich eine kleine Geschichte einprägen, in der alle acht Personen der Reihe nach untergebracht werden. Zuerst wählen wir ein passendes Startbild – vielleicht den Bundesadler als Zeichen für das Staatsoberhaupt von Deutschland. Am Hals des Bundesadlers siehst du mächtige Adern anschwellen – und ein Auerhahn ist so beeindruckt, dass er sich daran ankuschelt. Aus den Worten <u>A</u>dern und dem ersten Teil des Wortes <u>Au</u>erhahn bildest du den Namen »Adenauer«. Damit haben wir uns auch schon den schwersten Namen gemerkt – die anderen Bundeskanzler sind leichter zu behalten. Der Auerhahn wird vor lauter Glück besinnungslos und dann schlägt <u>er</u> <u>hart</u> auf den Boden auf (Erhard). Neben ihm im <u>Kies</u> liegt ein <u>Sänger</u> (Kiesinger) – er singt von einem großen <u>Brand</u> (Brandt) und vom <u>Schmied</u> (Schmidt), der ihn davor gerettet hat. Aus Dankbarkeit schrieb er für den Schmied ein Lobgedicht auf einem <u>Kohl</u>kopf (Kohl) auf, der aber kurz darauf versehentlich im <u>Schredder</u> (Schröder) landete und vollkommen zerkleinert wurde. Leider konnte er sich aber den Text des Gedichtes nicht <u>merken</u> (Merkel).

Bevor du versuchst, die Geschichte nachzuerzählen, solltest du sie noch ein zweites Mal lesen, da sie etwas länger ist. Anschließend kannst du ausprobieren, ob du alle deutschen Bundeskanzler in der richtigen Reihenfolge kennst.

Falls du mit den Namen der Bundeskanzler schon vertraut bist, kannst du dir die richtige Reihenfolge sogar mit dem folgenden, viel kürzeren Satz merken (die Anfangsbuchstaben geben dir jeweils den Hinweis auf den richtigen Kanzler):

<u>A</u>dler <u>er</u>nten <u>Ki</u>chererbsen,
<u>bi</u>s <u>schma</u>le <u>Kohl</u>meisen <u>schre</u>cklich <u>me</u>ckern.

Im übertragenen Sinne bedeutet der Satz, dass die Bundeskanzler in unserer Gesellschaft auch dafür sorgen müssen, dass kein Mensch hungern soll. Passenderweise beginnt der Satz mit dem Adler, also dem Wappentier von Deutschland.

Wenn du dir zusätzlich die Jahre des Amtsantritts merken möchtest, dann reichen eigentlich die beiden rechten Ziffern voll aus (zum Beispiel bei Adenauer die 49). Such dir im Anhang aus dem Twin-System die Bedeutung der zweistelligen Zahlen heraus und baue sie in die Geschichte mit ein (49 steht für <u>Ka</u>puze).

... und Bundespräsidenten erst recht nicht!

Das eigentliche Staatsoberhaupt in Deutschland ist aber nicht der Bundeskanzler, sondern der Bundespräsident. Deswegen darf auch er in unseren Gedächtnisübungen nicht fehlen. Folgende Bundespräsidenten gab es in Deutschland seit der Gründung der Bundesrepublik im Jahr 1949:

Nr.	Bundespräsidenten	Amtsantritt
1	Theodor Heuss	1949
2	Heinrich Lübke	1959
3	Gustav Heinemann	1969
4	Walter Scheel	1974
5	Karl Carstens	1979
6	Richard von Weizsäcker	1984
7	Roman Herzog	1994
8	Johannes Rau	1999
9	Horst Köhler	2004
10	Christian Wulff	2010

Wenn du die Namen ganz genau lernen möchtest, dann versuch dich einfach mal daran. Hierzu suchst du dir wieder Wörter, die so ähnlich klingen wie die Nachnamen, und bringst dann alles in eine bestimmte Reihenfolge in einer längeren Geschichte. Ich möchte dir an dieser Stelle nur den kurzen Merksatz vorstellen, in dem wieder die Anfangsbuchstaben der Bundespräsidenten zu finden sind:

Heutzutage lügen heisere Scheitelträger kaum,
weil herrlich rauchende Köpfe wuchsen.

Herzlichen Glückwunsch – jetzt gehörst du zu den wenigen Menschen in Deutschland, die die richtige Reihenfolge sämtlicher Bundeskanzler und auch der Bundespräsidenten kennen. Sollte nun in einer Quizshow einmal die Frage danach kommen, dann bist du gut gerüstet.

Die erste Millionenfrage bei »Wer wird Millionär?«

Leider werden bei »Wer wird Millionär?« aber oft auch andere, viel schwierigere Fragen gestellt. So lautete beispielsweise die allererste Millionenfrage aus dem Jahr 2000:

»Mit wem stand Edmund Hillary 1953 auf dem Gipfel des Mount Everest?«
Von den vier möglichen Antworten war nur eine richtig:

A. Nasreddin Hodscha
B. Nursay Pimsorn
C. Tenzing Norgay
D. Abrindranath Singh

Hälle man vorher den folgenden Satz gelernt, dann wäre die Antwort klar gewesen:

Edmund hat den Berg geschafft,
denn ihm gab der Nordgeist Kraft.

Nordgeist wird hier als Schlüsselwort benutzt und gibt einen Hinweis auf den Nachnamen in Antwort C. Norgay war der Bergführer und Träger von Sir Hillary, und beide waren wohl die ersten Menschen, die je den höchsten Berg der Welt bestiegen haben.

Leider sind aber bei dieser Art von Quizshows die Fragen vorab nicht bekannt, so dass wirklich nur eine ausgezeichnete Allgemeinbildung und jede Menge Glück zum Erfolg führen.

Wusstest du übrigens, dass die Show »Wer wird Millionär?« in rund 100 Ländern dieser Welt ausgestrahlt wird? Fast alles ist dabei identisch: die Regeln, die Musik, die Studioausstattung und sogar die Kameraeinstellungen.

Hier meldet sich dein Gehirn:
»Ab und zu vor dem Fernsehen zu sitzen, ist völlig okay. Wenn du mich aber richtig ärgern willst, dann hast du in deinem Kinderzimmer einen eigenen Fernseher. Wissenschaftler haben festgestellt, dass Schüler mit eigenem Fernseher um fast 10 Prozent schlechtere Schulleistungen erbringen als andere. Umgerechnet ist das ungefähr eine Schulnote! Wenn du also lieber eine Zwei statt eine Drei in Deutsch oder Mathe haben möchtest, dann gib deinen Eltern den Fernseher wieder zurück (ich weiß, dass es dir nicht leichtfallen wird – aber du bist dann mein ganz persönlicher Held!).«

Wir räumen bei »Tabaluga« voll ab!

Versuchen wir uns nun einmal an der nächsten Aufgabe. Vielleicht kennst du die Kindershow »Tabaluga«? Am Ende einer jeden Sendung müssen sich zwei

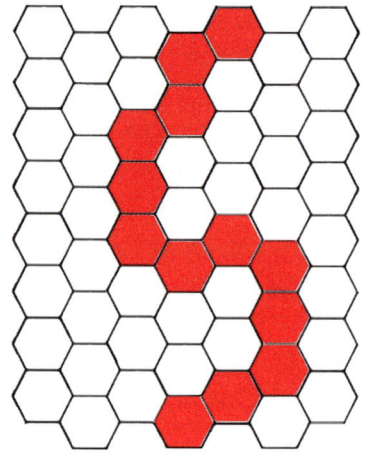

Kandidaten den genauen Weg über ein Eisplattenfeld einprägen. Der sichere Weg ist mit roten Feldern gekennzeichnet. Leider haben die Spieler nur wenige Sekunden Zeit, um sich den genauen Pfad einzuprägen.

Anschließend werden die roten Felder gelöscht, und die Kandidaten müssen den Weg ohne Hilfsmittel abgehen. Man startet immer von unten und arbeitet sich dann langsam nach oben. Ein Fehler ist erlaubt – beim zweiten Fehler ist das Spiel zu Ende, und der Hauptpreis bleibt unerreichbar.

Der Trick zum sicheren Einprägen besteht nun darin, jeweils vier Felder zu einer Figur zusammenzufügen. Die vier Grundformen siehst du in der folgenden Tabelle dargestellt:

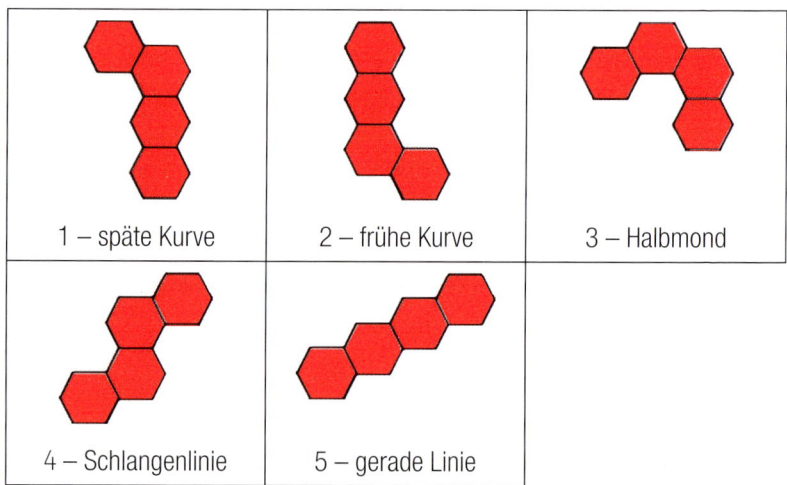

1 – späte Kurve	2 – frühe Kurve	3 – Halbmond
4 – Schlangenlinie	5 – gerade Linie	

Natürlich gibt es unterschiedliche Arten dieser Grundformen. Der Vierer mit der Nummer 1 (späte Kurve) kann auch nach rechts abbiegen, schräg ver-

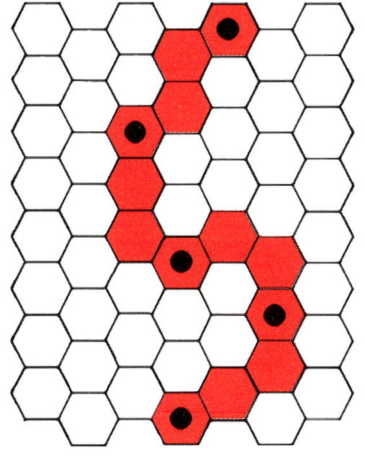

laufen oder sogar gerade liegen und dann nach oben oder unten abbiegen. Der Halbmond kann sich nicht nur nach unten öffnen, sondern auch nach oben, rechts oder links. Allerdings erkennt unser Gehirn mit etwas Übung sehr schnell die entsprechenden Grundformen. Du musst lediglich eines beachten, um eine ordentliche Struktur im roten Pfad zu bilden: Das Endfeld einer Vierergruppe ist gleichzeitig auch das Startfeld des neuen Vierers. Damit du es besser erkennen kannst, habe ich die Start- und Endfelder jeder Vierergruppe markiert. Der Beispielpfad besteht aus folgenden Teilen (von unten nach oben):

Nr. 1: späte Kurve,
Nr. 2: Halbmond,
Nr. 3: frühe Kurve und
Nr. 4: Schlange

Du musst dir nun im ersten Schritt lediglich die vier Begriffe »spät«, »halb«, »früh« und »Schlange« merken. Gleichzeitig stellst du dich in Gedanken (oder tatsächlich während der Show) vor das Startfeld und drehst dich gleich in die richtige Richtung. In unserem Beispiel würdest du etwas rechts gedreht stehen, damit du gleich weißt, wohin der Weg startet. Gleichzeitig schaust du dir nochmals den Gesamtweg ganz grob an – geht er insgesamt eher nach links oder nach rechts? Wie sieht er aus? In unserem Beispiel ähnelt er dem Buchstaben »S«.

Du startest die Wiedergabe mit dem ersten Vierer (Merkwort »spät«). Am Zielfeld des ersten Vierers angekommen, überlegst du nun in Ruhe, wie der nächste Vierer »Halbmond« eingefügt wird. Es kommen drei Möglichkeiten infrage: nach unten, nach links oder nach rechts offen. Stell dir kurz alle Lösungen vor. Dein natürliches Gedächtnis wird dir jetzt sagen, dass nur die Lösung mit dem nach unten offenen Halbkreis richtig sein kann. Die anderen Varianten führen dich in eine völlig falsche Richtung.

So geht es nun weiter. Auch für den dritten Vierer (früh) gibt es nur eine sinnvolle Lösung, und die »Schlange« am Ende passt auch nur auf eine einzige Art und Weise herein. Wenn man also weiß, wie es geht, dann ist es eigentlich kaum noch eine echte Herausforderung, oder?

Siege über Siege beim Memory-Spiel

Zum Schluss möchte ich dir noch kurz den Klassiker der Gedächtnisspiele vorstellen: das »Memory«-Spiel. Auf dem Tisch liegen viele Bildkärtchen, aber man kann anfangs nur die Rückseite sehen. Jedes Bild kommt doppelt vor. Die Aufgabe besteht darin, die gleichen Bilder in einem einzigen Spielzug zu finden. Deckst du beide gleichzeitig auf, darfst du das Pärchen behalten. Wenn es unterschiedliche Bilder sind, werden sie wieder umgedreht, und der nächste Spieler ist am Zug.

Ab und zu wird dieses Spiel in TV-Shows wieder hervorgekramt. Bei fast jedem Fehler des Kandidaten stöhnen dann einige Zuschauer laut auf. Irgendjemand im Publikum kennt fast immer die richtige Karte. Mit dem folgenden System wirst du aber überhaupt keine Fehler mehr machen müssen, und deine Gegner haben nicht die geringste Chance, gegen dich zu gewinnen. Und dein Kartenstapel wird immer größer!

Die umgedrehten Bilderkärtchen liegen anfangs bei diesem Spiel in festen Reihen. Du nummerierst alle Zeilen und Spalten in Gedanken einmal von 1 bis 9 durch. Meistens gibt es sogar weniger Karten, so dass du gar nicht bis zur Ziffer 9 kommst. Die Lage einer Karte kannst du dann mit einer zweistelligen Zahl genau benennen: Liegt eine Karte in der 3. Zeile und in der 4. Spalte, so ergibt sich die Zahl 34. Eine Karte in der ersten Zeile und der 5. Spalte wäre dann in Gedanken mit der Zahl 15 versehen. Na, weißt du jetzt, was als nächster Schritt kommt? Bestimmt bist du in diesem Buch bereits auf das Twin-System gestoßen. Ansonsten solltest du dir nun erst einmal das Kapitel 6 anschauen. Mit dem Twin-System ist es sehr leicht, der 34 und allen anderen zweistelligen Zahlen einen ganz bestimmten Ersatzbegriff zuzuordnen. So bedeutet für uns die Zahl 34 das Wort »Mikado«.

Nun drehst du also vielleicht gerade die Karte in der 3. Zeile und der 4. Spalte um. Du siehst darauf zum Beispiel ein Pferd. Blitzschnell fällt dir folgende kleine Geschichte ein: *Auf dem Pferd liegen lauter Mikadostäbe.* Es ist ganz, ganz wichtig, dass die Geschichte immer mit dem Bild vom Memory-Spiel und niemals mit dem Gegenstand aus dem Twin-System beginnt! Im Laufe des Spiels wirst du (oder dein Gegner) irgendwann einmal auf die zweite Karte mit dem Pferd stoßen. Du kannst dann locker schmunzeln, denn deine Geschichte sitzt, und dir fällt schnell der Begriff »Mikado« ein. Daraus kannst du dann die richtige Lage der ersten Karte herleiten. Dein Gegner wird bestimmt raten müssen, sehr oft aber die falsche Karte aufdecken.

Um den Gedächtnistrick bei »Memory« richtig anwenden zu können, solltest du erst einmal alleine für dich üben. Dabei werden dir noch zwei Dinge auffallen. Zum einen brauchst du dir zu der zweiten Karte eigentlich nie eine Geschichte zu merken. Wenn du die zweite Karte aufblätterst, ist dir die Position der ersten ja bekannt. Du brauchst also nur die Hälfte der Karten zu lernen, während dein Gegner viel mehr in seinem Kopf behalten muss. Zum anderen sind für dich die Spielzüge deines Gegners ebenfalls überaus hilfreich. Wenn er falsche Karten umblättert, dann prägst du sie dir ebenfalls schnell ein.

Auf diese Art und Weise wirst du jedes Memory-Spiel haushoch gewinnen und in jeder Spielshow die Zuschauer beeindrucken können. Das Einzige, was wirklich sitzen sollte, ist das Twin-System aus Kapitel 6!

Ach ja, bevor ich es vergesse: Solltest du tatsächlich mal in einer Quizshow landen und mit meinen Gedächtnistipps aus diesem Buch etwas gewinnen, dann denk an mich! Du musst mir auch nicht unbedingt etwas abgeben – aber wenn du unbedingt willst, würde ich mich natürlich nicht sehr dagegen wehren … Noch edler wäre es aber, das Preisgeld unter den Armen zu verteilen – die eine Hälfte unter dem rechten Arm und die andere Hälfte unter dem linken ☺.

Zusammenfassung:
- Wenn bei Gedächtnisspielen eine Anzahl von Gegenständen oder Wörtern auswendig gelernt werden soll, dann benutzt du am besten die Loci-Methode.
- Die Bundeskanzler oder Bundespräsidenten bringst du mit den passenden Merksätzen in die richtige Reihenfolge.
- Beim Eisplattenspiel der Sendung »Tabaluga« teilst du die richtigen Felder in Vierergruppen ein.
- Beim Memory-Spiel wirst du nie wieder verlieren, wenn du die Ersatzbedeutungen des Twin-Systems verwendest.

16. Wie kannst du deine Gedanken aufzeichnen? (Schwierigkeitsgrad **)

Entdecke deine eigenen Gedankenverknüpfungen

Stell dir einmal vor, es gäbe einen verzauberten Computer, der nur eine einzige Sache kann: Man tippt irgendein Wort ein, dann überlegt er blitzschnell, welches andere Wort ihm hierzu einfällt, und zeigt es an. Beispielsweise könntest du das Wort »Lehrer« eintippen, und der Computer spuckt als Antwort »Schule« aus. Diese Antwort würde dich nicht überraschen, weil Lehrer und Schule natürlich zusammengehören. Auch bei anderen Antworten wie »Klassenarbeit«, »Schüler«, »Noten« oder »Hausaufgaben« würdest du dich nicht wundern, denn auch sie passen sehr gut zum Begriff »Lehrer«.

Was aber wäre, wenn als Antwort der Begriff »Zitrone« kommt? Vermutlich würdest du denken, dass der Computer falsch programmiert ist. Der Rechner arbeitet aber nicht falsch, denn vielleicht hat er gerade ein neues Bild gespeichert, auf dem ein Lehrer zu sehen ist, der in eine Zitrone beißt. Genau aus diesem Grunde verbindet der Computer nun das Wort Lehrer mit einer Zitrone. Es gibt also Verknüpfungen zwischen Begriffen, die jeder sofort verstehen kann, und andere, die man erst erklärt bekommen muss.

Bei uns Menschen ist es ganz genauso. Da wir alle völlig unterschiedliche Lebenserfahrungen haben, besitzt jeder von uns seine ganz persönlichen Gedankenverbindungen. Man nennt diese auch Assoziationen. Jeder von uns hat hiervon unglaublich viele, ja fast unendlich viele. Ebenso wie beim Computer dauert der Abruf oft nur wenige Augenblicke. Hierzu soll ein kleiner Test folgen. Überlege nur kurz und nenne dann sofort:

ein **Möbelstück**, ein **Werkzeug** und eine **Farbe**.

Von sehr vielen Menschen wird beim Möbelstück der »Stuhl« genannt. Beim Werkzeug kommt meist »Hammer« und bei der Farbe meist »rot« als Antwort. Vermutlich hast du zwei, ja vielleicht sogar drei Treffer? Der Grund hierfür ist, dass wir Menschen auf Anhieb nicht so viele Werkzeuge nennen können. Ohne zu überlegen, kennt man meist Hammer, Zange oder Säge. Auch beim Möbelstück ist die mögliche Auswahl nicht sehr groß: Stuhl, Tisch, Bett oder Schrank. Bei schwierigeren Themen klappt dies aber nicht mehr. Zu bestimmten Fragen fallen einem sofort eine Menge Antworten ein, die alle sehr wichtig sind. Beispielsweise bei der Frage:»Was braucht man für eine große Party mit vielen Freunden?«: Tische, Stühle, Essen, Getränke, Musik, einen Raum, einen Termin, Einladungen und so weiter …

Je länger man sich in das Thema hineindenkt, desto unübersichtlicher wird es. Das liegt natürlich an den vielen Querverbindungen, die in unserem Kopf gespeichert sind. Oft ergeben sich neue Verbindungen, wenn man über einen Punkt länger nachdenkt: Eigentlich wäre es doch besser, wenn auf den Tischen auch Tischdecken liegen, welche Getränke sollte man anbieten, und wie viele Flaschen benötigt man von jeder Sorte?

In diesem Moment merken wir, dass bei der Organisation einer Party an sehr viele Dinge gedacht werden muss. Wir greifen jetzt meist zu Papier und Stift und erstellen eine Liste. Am Ende stehen alle Punkte untereinander. Wichtige und nicht ganz so wichtige Dinge sind miteinander vermischt. Was muss sofort erledigt werden, welcher Punkt hat noch Zeit? Eine Reihenfolge ist nicht auf den ersten Blick erkennbar.

Eine Mind Map – und die Party kann (fast) losgehen!

An dieser Stelle möchte ich eine wirklich tolle Unterstützung ins Spiel bringen: die **Mind Map**. Mit ihrer Hilfe können wir zum Beispiel sehr übersichtlich darstellen, was man für die Organisation einer Party alles benötigt. Mind Map bedeutet im übertragenen Sinne »Landkarte der Gedanken«. Sie wird benutzt, um die vielen zusammenhängenden Ideen und Gedanken eines bestimmten Themas als Bild zu zeigen. Der Erfinder der Mind Map heißt Tony Buzan und kommt aus Großbritannien. Es gibt einen ganz bestimmten Grund, warum Tony Buzan an dieser Stelle einmal erwähnt werden soll: Er hat über das Thema Gedächtnis und Gehirn unzählige Bücher geschrieben, die in über 30 Sprachen veröffentlicht worden sind. Außerdem ist er der Begründer der Gedächtnis-Weltmeisterschaften und organisiert seit 1991 fast jedes Jahr diesen weltweit wichtigsten Wettbewerb im Gedächtnissport. Ich denke, dass es ohne Tony Buzan niemals solche beeindruckenden Gedächtnisleistungen gegeben hätte, wie man sie heute auf den Meisterschaften sehen kann. Erst durch ihn haben sich viele andere mit dem Thema Gedächtnis beschäftigt und jede Menge neue Erkenntnisse gewonnen. Vielen Dank, Tony – ohne dich wäre auch dieses Buch bestimmt nie entstanden!

Kommen wir zurück zur Mind Map und wie man sie aufbaut und benutzt. Zu Beginn legt man ein leeres weißes Blatt quer vor sich auf den Tisch. In die Mitte schreibt man das Stichwort für das Hauptthema, in unserem Beispiel »Party«.

Von diesem zentralen Punkt aus führen nun einige dicke Linien, die Äste, in alle Richtungen. Sie stehen für die wichtigsten Punkte des Themas. Von jedem Haupt-Ast gehen nun wieder einige kleinere Äste ab, die für die verschiedenen Unterpunkte stehen. An jedem kleinen Ast existieren Zweige, die sich weiter aufspalten.

Eigentlich ist der Aufbau wie bei einem Baum: Je weiter man sich vom Stamm (der Überschrift) entfernt, umso kleiner und umso zahlreicher werden die Unterteilungen. Beim Baum findet man die Verzweigungen sowohl oben in der Krone als auch unten im Wurzel-

werk. Da unser Gehirn aber in viele Richtungen denkt, wachsen die Mind-Map-Äste nicht nur nach oben und unten, sondern zu allen Seiten unseres Blattes.

Du kannst im Folgenden eine vollständige Mind Map zu unserem Beispielthema »Wie organisiere ich eine Party?« finden. Vielleicht hilft sie dir ja irgendwann einmal, wenn du mit deinen Freunden eine große Fete steigen lassen möchtest.

Wie du bestimmt bemerkt hast, besteht die Mind Map aber nicht nur aus Linien und Worten, sondern an manchen Stellen können auch kleine Symbole oder Bilder eingebaut werden. Unser Gehirn kann gezeichnete Informationen schneller verarbeiten, und die Mind Map wird dadurch übersichtlicher. Auch wenn du überhaupt nicht zeichnen kannst, ist das nicht weiter schlimm. Versuch es trotzdem, denn schließlich musst nur du selbst es erkennen können. Allerdings solltest du die einzelnen Stichworte möglichst immer in Druckbuchstaben schreiben, damit die Mind Map schneller und leichter zu lesen ist.

Ein guter Tipp ist auch das Benutzen von farbigen Stiften. Wenn einige Zweige in einer anderen Farbe gezeichnet werden, dann siehst du sofort, dass diese irgendwie zusammengehören.

Schlleßllch erfordert eine Mind Map aber auch immer Kreativität und den Mut zum Füllen des Blattes. Wenn du zu viel darüber nachdenkst, ob dein

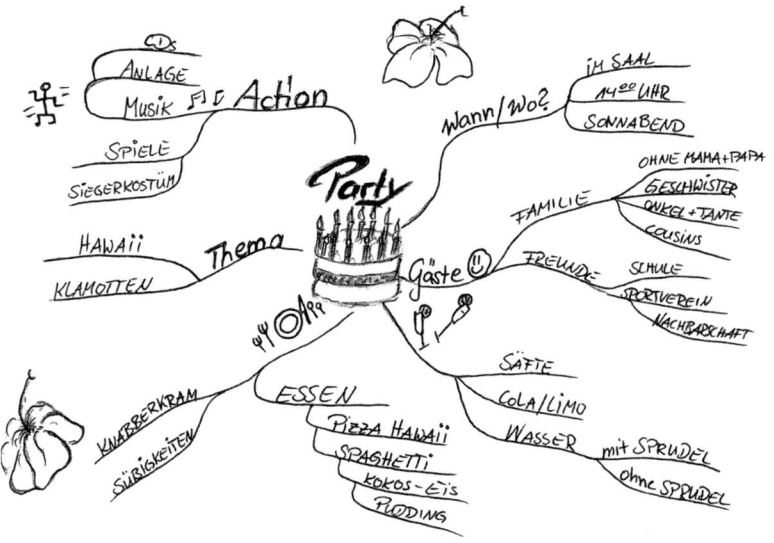

nächster Unterpunkt als Hauptast oder eher als Nebenzweig dargestellt werden sollte, dann stört diese Überlegung deinen Gedankenfluss. Sei also einfach mutig beim Zeichnen und prüfe erst am Ende, ob du alle deine Gedanken auf das Blatt bringen konntest. Du wirst von Mal zu Mal sicherer werden und deinen eigenen Assoziationen vertrauen.

Es gibt ein Übungsspiel, damit du schneller und leichter deine Assoziationen entdecken kannst. Du kannst es sowohl allein, zu zweit, aber auch in einer Gruppe spielen. Alles beginnt mit einem ersten Begriff. Nimm hierzu einfach irgendeinen Gegenstand, den du gerade in deiner Nähe siehst. Nun überlegst du ganz schnell, welches zweite Wort dir hierzu einfällt. Wenn es feststeht, dann nennst du (oder ein Mitspieler) sofort den dritten Begriff, der natürlich zum zweiten passen muss. Diese Kette kannst du lange fortsetzen. Es ist aber wichtig, dass ihr wirklich darauf achtet, dass ein Wort immer direkt zum Vorgänger passt und dass ihr ganz schnell antwortet. Nach 15 bis 20 Begriffen könnt ihr dann überprüfen, ob ihr euch an alles noch in der richtigen Reihenfolge erinnern könnt. Ihr werden überrascht sein, wie viel euch einfällt!

Ein kurzes Beispiel soll dir noch einmal das Prinzip deutlich machen. Folgende Begriffe hängen alle in einer Gedankenkette zusammen:

Schrank – Holz – braun – Haare – waschen – Wasser – Wolken

Du siehst, es ist überhaupt nicht schwer. Solche Übungen bereiten dein Gehirn auf den Bau einer Mind Map gut vor.

Wir wollen uns jetzt etwas mit der Frage beschäftigen, wofür eine Mind Map benutzt werden kann. Hierzu möchte ich eine kleine Geschichte erzählen: Vor nicht allzu langer Zeit habe ich während eines Seminars den Teilnehmern viele verschiedene Gedächtnistechniken nähergebracht. Das Seminar dauerte den ganzen Tag lang, und ich hatte unterschiedliche Übungen und Folien vorbereitet. Eine Teilnehmerin setzte sich gleich zu Beginn nach ganz vorn. Für mich ist es immer ein Zeichen dafür, dass jemand besonders viel lernen möchte. Sie wollte dem Wissen »sehr nah« sein.

Auch in der Schule kann man oft den Zusammenhang zwischen Sitzplatz und Lernmotivation beobachten. Überlege einmal, wer in deiner Klasse vorn und wer eher hinten seinen Platz hat. Meistens möchten die interessierten Schüler in der Nähe des Lehrers sitzen und die schlechteren Schüler lieber ein wenig weiter weg. Manche Lehrer achten darauf und holen die etwas schlechteren weiter nach vorne, damit sie mehr mitbekommen.

Die Teilnehmerin meines Seminars legte sich gleich zu Beginn farbige Stifte und ein leeres Blatt zurecht. Im Laufe des Seminars entstand eine wunderschöne Mind Map. Immer wenn ich ein neues Kapitel begann, zeichnete sie einen zusätzlichen, dicken Ast auf ihr Blatt und verfeinerte ihn mit Stichworten und kleinen Grafiken, die zu meinen Vortragsinhalten passten. Stunde für Stunde wuchs ihre Mind Map zu einer bunten und umfangreichen Darstellung, die trotzdem sehr übersichtlich aussah. Am Ende des Tages befand sich mein gesamtes Seminar mit den Hauptinhalten auf einer einzigen Seite Papier. Ich persönlich hatte das Gefühl, dass die Teilnehmerin von meinem Seminar sehr viel verstanden und jede Menge neues Wissen für ihren Alltag mitgenommen hatte.

Eine Mind Map kann aber auch in vielen anderen Bereichen eingesetzt werden. Erinnere dich einmal, wie oft du in der Schule für den Deutschunterricht ein bestimmtes Buch lesen sollst. In einem Schuljahr sind zwei, manchmal auch drei Bücher an der Reihe. Du hast für das Lesen meist einige Wochen Zeit, und anschließend gibt es oft einen Test oder einen kleinen Vortrag über die wichtigsten Inhaltspunkte. Du musst über die Hauptpersonen des Buches Bescheid wissen, ebenso werden die wichtigsten Ereignisse oder Handlungsstränge abgefragt. Wenn man das Buch komplett gelesen hat, sollten einem die Antworten nicht sehr schwerfallen. Allerdings ist es während des Lesens manchmal etwas schwierig den Überblick zu behalten. Schließlich schafft man das Buch nicht in einem Stück, sondern teilt es sich auf viele Tage und Wochen auf. Mal liest man abends eine halbe Stunde oder am Wochenende auch schon mal etwas länger. Bei jedem Leseabschnitt muss man aber neu überlegen, was beim letzten Mal passiert ist.

Wenn du deine nächste Lektüre in Angriff nimmst, versuch doch einfach mal, zeitgleich eine Mind Map aufzubauen! So behältst du den Durchblick und kannst auch hinterher im Unterricht deine tolle Übersicht zu dem Buch benutzen. Ich vermute, die nächste Eins in Deutsch ist dir schon fast sicher!

Passt dieses Buch wirklich auf eine einzige Seite?

Natürlich gibt es in der heutigen Zeit auch einige Computerprogramme, die
beim Erstellen einer solchen Übersicht helfen können. Ich selbst finde es aber
immer besser, eine Mind Map per Hand und mit Farbstiften anzufertigen. Man
darf nämlich nie vergessen: Unsere Gedankenverbindungen fallen uns oft
sekundenschnell ein, und das Benutzen eines PC-Programms bremst dich in
deiner Kreativität nur aus!

Vielleicht werden uns in einigen Jahren immer mehr Mind Maps im Alltag
begegnen. Lehrer könnten so den Inhalt jeder einzelnen Schulstunde übersichtlich darstellen. Nach einer Fehlstunde würde sie dir unheimlich helfen. Auf einen
Blick könntest du sehen, was der Lehrer neu eingeführt hat oder ob du lediglich eine Wiederholungsstunde verpasst hast. In jedem Sachbuch könnte es neben dem Inhaltsverzeichnis auch eine Mind Map geben, die der Autor für seine
Leser als Service beifügt. Nicht nur der Leser würde hiervon profitieren – auch
der Autor könnte nochmals überprüfen, ob der Aufbau seines Buches logisch ist
oder ob er irgendein wichtiges Thema nicht behandelt hat. Natürlich darf auch
in diesem Buch eine solche Übersicht nicht fehlen! Ich habe daher alle 20 Kapitel dieses Buches in einer Mind Map für dich zusammengestellt:

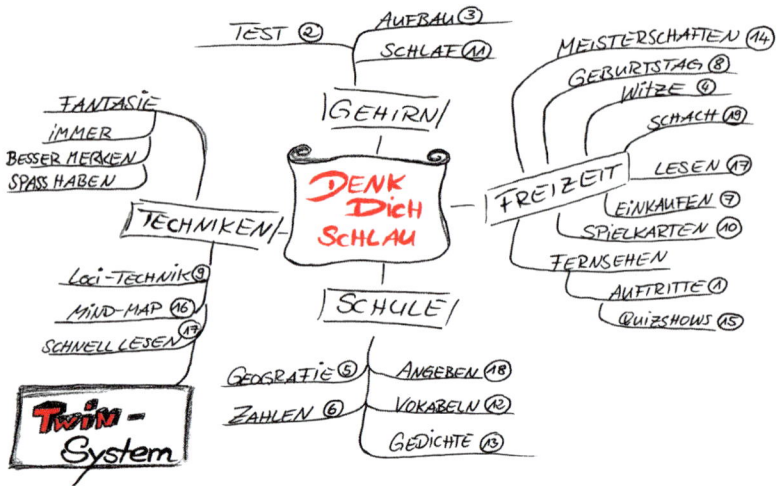

Damit du die Mind-Map-Technik schnell selbst ausprobieren kannst, findest du am Ende des Kapitels eine leere Vorlage. Du kannst sie gern kopieren und in deine Schultasche legen. So verlierst du keine Zeit beim Zeichnen der Äste und Zweige und kannst bei Bedarf sofort beginnen. Es sind genug Verzweigungen in der Mind Map vorhanden. Die Teile, die du nicht brauchst, bleiben einfach ungefüllt oder können später noch ergänzt werden.

Manchmal wirst du mit deinem Ergebnis aber noch nicht ganz zufrieden sein. Vielleicht hast du dir das Blatt schlecht eingeteilt, oder bestimmte Merkworte sind doch wichtiger als anfangs gedacht und sollten einen eigenen Haupt-Ast bilden. Wenn es sich um ein wichtiges Thema handelt, dann mach dir auf jeden Fall die Mühe und fertige noch eine neue Zeichnung an. Du kannst eine gute Mind Map schließlich auch noch nach Jahren benutzen.

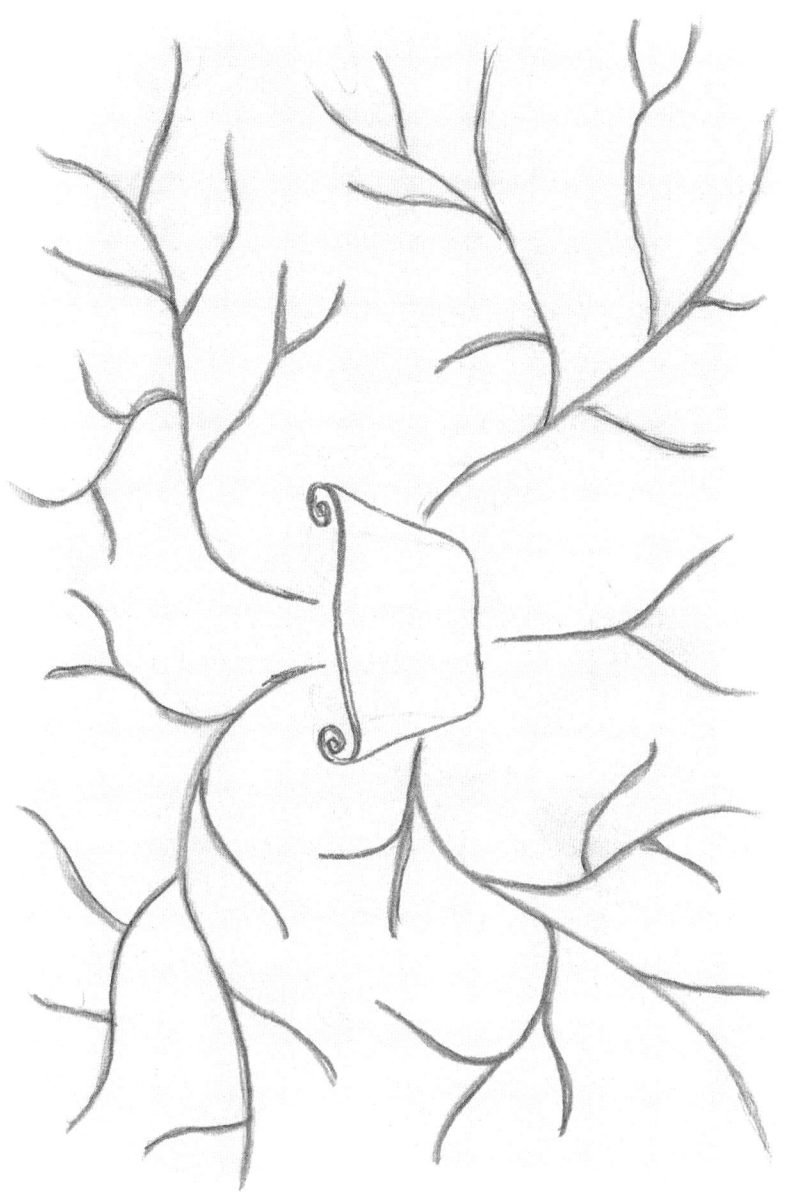

Eine leere Mind Map für alle Fälle

Zusammenfassung:

- Eine Mind Map gibt einen sehr schnellen Überblick über ein bestimmtes Thema.

- Die zentrale Überschrift steht in der Mitte, außen herum verteilen sich Äste, die sich immer weiter verzweigen. Sie führen zu den einzelnen Stichworten oder kleinen Bildern und Symbolen.

- Nutze Mind Maps für einen Grobüberblick über Buchinhalte, stelle umfangreiche Probleme übersichtlich dar oder nutze sie für Vorträge in der Schule.

17. Warum kannst du schon bald Bücher viel schneller lesen? (Schwierigkeitsgrad **)

Augenbewegungen, Lesetests und ewig lange Wörter

Achtung: Gleich wird auf den folgenden zwei Seiten deine Lesegeschwindigkeit ermittelt. Du solltest den nächsten Abschnitt also in einem Stück lesen und keine Pausen einlegen. Bitte achte auch darauf, dass dich niemand stört und Radio oder Fernseher ausgeschaltet sind! Besorge dir noch eine Stoppuhr, damit du die Zeit messen kannst, die du für den folgenden Abschnitt benötigst.

Damit das Messergebnis genau ist, fliege bitte beim Lesen nicht über die Zeilen und sei auch nicht langsamer als sonst. Mach es dir einfach bequem und lies so wie immer, dann ist es genau richtig.

Alles da? Dann stoppe ab jetzt die Zeit!

Bestimmt ist dir klar, dass dein Wissen nur über die Sinnesorgane in dein Gehirn gelangen kann. Augen, Ohren, Nase und Mund sammeln wie wild Informationen. In deinem Gehirn wird anschließend Wichtiges von Unwichtigem getrennt. Aber auch über das Tasten und über Berührungen an unserem Körper können wir Außensignale aufnehmen. Vor allem blinde Menschen entwickeln einen sehr ausgeprägten Tastsinn und können beispielsweise mit ihren Fingerkuppen die Blindenschrift schnell und sicher lesen. Da die allermeisten Menschen aber nicht blind sind, besitzen sie diese bemerkenswerte Tastfähigkeit nicht. Für fast alle sind also die Augen das mit Abstand wichtigste Sinnesorgan. Durch unsere Augen nehmen wir eine unglaubliche Vielfalt an Bildern und Informationen auf, ziehen hieraus unser Wissen und können neue Ideen entwickeln.

Eine wichtige Quelle solcher Informationen ist die Schrift. Durch dieses Instrument wird jeweils von den älteren Generationen das vorhandene Wissen an die Jüngeren weitergegeben. Nur aus diesem Grund hat sich die Menschheit in den letzten Jahrtausenden so bemerkenswert weiterentwickelt und bedeutende Erfindungen machen können. Es spielt dabei keine Rolle, ob ein Text vor fünf Minuten oder vor 50 Jahren geschrieben worden ist. Wir erhalten durch das Lesen wertvolle Botschaften. Natürlich erfreuen wir uns gern auch an einem spannenden oder lustigen Buch. Die Menge, die wir lesen, hängt direkt mit der Größe und Leistung unseres Gedächtnisses zusammen.

Wenn du also gern schmökerst, dann kann ich dir an dieser Stelle wirklich gratulieren, denn das Lesen macht dich pfiffiger, lässt dich schneller denken, und in deinem Leben wird dir später vieles leichter fallen. Lass dir den Spaß am Lesen und die Lust auf ein tolles Buch nie ausreden – schon gar nicht von irgendjemandem, der den halben Tag nur vor der Glotze hängt!

Außerdem gibt es einen anderen, sehr wichtigen Zusammenhang: Wer nicht gerne liest, der liest seltener. Wer seltener liest, der liest langsamer. Wer langsamer liest, der hat in vielen Alltagssituationen einen Nachteil: Bei der Klassenarbeit kostet es Zeit, weil man die Aufgabenstellungen nur langsam erfassen kann. Oder deine Freunde spielen schon draußen, während du noch an den Hausaufgaben sitzt. Oder du bist dir nicht sicher, ob es tatsächlich der richtige Bus ist, der gerade an der Haltestelle vorgefahren ist. Schließlich war das Schild mit dem Reiseziel vorn am Bus nur kurz zu sehen.

Das Lesetempo spielt also oft eine wichtige Rolle. Für einen Schüler beträgt es im Schnitt rund 150 bis 200 Wörter pro Minute (WpM). Mit dieser Geschwindigkeit benötigt man für eine Buchseite ungefähr 1,5 bis 2 Minuten. Zum Glück ist es mit einigen Tricks sehr einfach, sein Lesetempo zu erhöhen.

Während einer Weltmeisterschaft im Schnell-Lesen (auf Englisch: Speed Reading) erreichte der Amerikaner Sean Adam eine Lesegeschwindigkeit von 3850 WpM. Natürlich erhielt er hierzu einen Text, den er vorher nicht kannte. Im Anschluss wurden ihm Fragen zum Inhalt gestellt, die er richtig beantworten musste.

Wichtig für eine Steigerung der Lesegeschwindigkeit ist aber immer, dass man hoch konzentriert ist und die Schnell-Lese-Techniken ausreichend trainiert hat. Das Textverständnis und die Menge, die man nach dem Lesen noch behalten hat, sind dann trotz einer hohen Lesegeschwindigkeit weiterhin sehr groß.

Ein bedeutender Faktor zum schnelleren Lesen ist außerdem die Bewegung der Augen. Bei ungeübten Lesern springen die Augen unruhig hin und her. An bestimmten Stellen verweilt der Blick länger. Im schlimmsten Fall springt man zwischendurch wieder an den Anfang der Zeile zurück oder ein bis zwei Zeilen nach oben zum Satzanfang. Die Stellen, an denen die Augen verweilen, werden Fixierungen genannt.

Wenn du einmal einen geübten Leser beobachten kannst, dann wirst du feststellen, dass seine Augen sehr gleichmäßige Bewegungen machen und die Fixierungen nur sehr kurz sind. Vielleicht sind die Fixierungen auch gar nicht zu erkennen.

Bitte beende nun die Zeit-messung und ermittle die Anzahl der Sekunden, die du benötigt hast. Der Text be-stand aus genau 600 Wör-tern. Wenn du also z.B. 200 Sekunden gemessen hast, dann teilst du die Zahl 36000

(1 Minute = 60 sec mal 600 Wörter) durch deine 200 Sekunden. Es ergibt sich in unserem Beispiel eine Lesegeschwindigkeit von 180 WpM. Du kannst zum Rechnen natürlich auch einen Taschenrechner benutzen:

$$\text{Lesetest Nr. 1: _____ WpM} = \frac{36\,000}{\text{Sekundenzahl}}$$

Am Ende dieses Kapitels gibt es einen zweiten Test, in dem du dich dann durch die beschriebenen Tipps bestimmt schon etwas verbessern kannst.

Wie entwickelt sich dein Lesetempo?

Der allerwichtigste Punkt zum schnelleren Lesen ist die Geschwindigkeit, mit der du die jeweiligen Wörter erkennen kannst. Unser Gehirn ist in der Lage, auch längere Wörter mit einem Blick zu erfassen. So können wir ein Wort mit zehn oder mehr Buchstaben relativ schnell erkennen. Bei einer zehn- oder mehrstelligen Zahl klappt das nicht. Am besten probierst du es mal in dem folgenden Test aus.

Unten findest du zwei Spalten. Links stehen die Wörter und rechts die Zahlen. Fang zuerst mit den Wörtern ab. Das erste Wort hat zwei Buchstaben, und mit jeder neuen Zeile kommt ein Buchstabe dazu.

2 Stellen	Po	23
3 Stellen	Arm	754
4 Stellen	Hase	3 591
5 Stellen	Kanne	64 337
6 Stellen	Hunger	317 543
7 Stellen	Schrank	9 581 202
8 Stellen	Hofpause	30 047 291
9 Stellen	Türschild	633 058 227
10 Stellen	Schneemann	8 405 726 118
11 Stellen	Zeichenheft	34 552 689 014
12 Stellen	Kreidefelsen	745 515 001 434
13 Stellen	Klassenarbeit	
14 Stellen	Öffnungszeiten	
15 Stellen	Treppengeländer	
16 Stellen	Parkplatzwächter	
17 Stellen	Giraffenfütterung	
18 Stellen	Gedächtnistraining	
19 Stellen	Schlangenbeschwörer	
20 Stellen	Streichholzschachtel	

Probiere einmal aus, wie lange du brauchst, um das Wort »das« auszusprechen. Es handelt sich um ungefähr 0,3 Sekunden. Jedes einzelne Wort aus der Liste darfst du nur für diesen sehr kurzen Augenblick ansehen. Bitte decke hierzu die komplette Seite mit einem anderen Buch ab. Dann schiebst du die Abdeckung ein kleines Stück nach unten und gleich wieder hoch. Wenn du das Wort in der vorgegebenen Zeit erkennen konntest, dann sprich es laut aus und überprüfe anschließend, ob du Recht hattest.

Mach dieselbe Übung nun mit den Zahlen in der rechten Spalte! Allerdings schreibst du dieses Mal bitte die gemerkten Zahlen auf, bevor du die Kontrolle machst.

Wenn der Test richtig geklappt hat, dann bist du bei der Wörterspalte sehr weit gekommen. Bei den Zahlen hast du das Ende bestimmt nicht fehlerfrei erreicht, obwohl die Zahlenspalte schon bei zwölf Stellen endet.

Der verrückte Gehirnbrief (kannst du ihn lesen?)

Hier meldet sich dein Gehirn:

Wnen ud mri nei bstemmites Wrot zegist, dnan vregeliche chi se sofrot mti dne Wrötren, dei mri bkenant snid. Bchustaebn, dei fhelen oedr vreurtscht snid, knan chi rchet schenll ni Gdenaken vrebesesrn udn ekrenne dnan dne Snin.

Ihc prfüe achu gelich, bo dsa Wrot ni dne rstelchien Staz snnivlol psast.

Biem Hröen fnuktinoiert se übirgnes gnesauo. Wnen jeamnd udneultich spichrt udn ud nchit alels vresthest, dnan ergnäze chi frü dchi os veil icw mgölich. Dieess fnuktoineirt ntarülich nru bie Wrötren, dei chi schno kncnc. Acbr btite psas torztdem imemr gtu afu, dnan tis se frü mchi lechiter!

(Die Auflösung findest du am Ende des Kapitels.)

Unser Gehirn erfasst auch längere Worte unheimlich schnell, und man kann diese Fähigkeit mit etwas Training weiter steigern. Selbst ganze Wortgruppen sind auf einen Blick erkennbar. Bitte führe hierzu einen weiteren Test mit denselben Regeln wie beim ersten Wörtertest durch. Die Spalte beginnt gleich mit 15 Buchstaben, die sich anfangs auf zwei Worte verteilen. In jeder neuen Zeile gibt es wieder einen Buchstaben mehr, und Stück für Stück wird auch die Anzahl der Wörter erhöht. Damit es dir leichter fällt, probiere bitte Folgendes aus: Bewege deine Augen nicht von links nach rechts über die Worte, sondern versuche mit nur einer Fixierung je Zeile auszukommen. Dein Blick sollte also nur auf den Mittelpunkt der Zeile gerichtet sein. Die Wörter am linken und rechten Zeilenrand kannst du über dein großes Gesichtsfeld leicht abdecken. Viel Erfolg!

15 Buchstaben	schöne Geschenke
16 Buchstaben	tolles Badewetter
17 Buchstaben	schöner Regenbogen
18 Buchstaben	Elefanten trompeten
19 Buchstaben	wichtige Erfindungen
20 Buchstaben	der kaputte Schneemann
21 Buchstaben	ich habe Bauchschmerzen
22 Buchstaben	Schäferhunde bellen laut
23 Buchstaben	sechs Wochen Sommerferien
24 Buchstaben	Erdbeerkuchen schmeckt gut
25 Buchstaben	jetzt erscheinen vier Wörter
26 Buchstaben	das Frühstück wird verschoben
27 Buchstaben	große Giraffen fressen Blätter
28 Buchstaben	wir trainieren unser Gedächtnis
29 Buchstaben	giftige Schlangen beißen schnell
30 Buchstaben	unser letzter Test war erfolgreich

Na, wie weit bist du gekommen? Zum Ende wurde es bestimmt schon recht schwer für dich!? Wenn du diese Technik regelmäßig übst, dann wird es dir bald viel leichter fallen. Dazu kannst du jedes Buch aus deinem Bücherregal benutzen. Schlage einfach irgendeine Seite auf, schaue ganz kurz hinein und versuche mit einem einzigen Blick möglichst viele Wörter zu erfassen. Mit der Zeit gewöhnst du dich daran, dass du mit einer einzigen Fixierung mehrere Wörter erkennen und verstehen kannst.

Was macht man aber, wenn man ein Buch mit dieser Technik komplett lesen möchte? In einer Buchzeile sind nämlich deutlich mehr Wörter enthalten, als man mit einem Blick aufnehmen kann. Wenn das Buch nicht sehr breit ist (so wie dieses), dann sollten zwei Fixierungen je Zeile reichen. Links und rechts der Striche befindet sich jeweils ungefähr ein Viertel der Zeile. Nur wenn die Buchseite größer ist, dann werden drei Fixierungen je Zeile benötigt. Beim nächsten Übungstext findest du zur Orientierung zwei dünne Linien eingezeichnet, die die Fixierungsstellen anzeigen. Deine Augen beginnen bei der ersten Fixierung. Obwohl diese nicht direkt am Zeilenanfang ist, reicht dein Blickfeld aus, um auch die Worte davor zu erkennen. Deine Augen sollen sich nun schnell an der Zeile entlang bis zur zweiten Fixierung bewegen. Hinter dieser Stelle ist ebenfalls noch Text vorhanden. Du wirst ihn aber erkennen können, auch wenn du nicht bis zum Zeilenende schaust. Sobald du die zweite Fixierung erreicht hast, beginnst du den gleichen Ablauf in der nächsten Zeile. Natürlich wirst du mit etwas Übung die Hilfslinien nicht mehr benötigen, sondern auch ohne Unterstützung die beiden Fixierungsstellen ungefähr treffen.

Nun geht es los mit Test Nr. 2, starte jetzt die Zeitmessung!

Nur ein kleiner Teil deines Sichtfeldes wird vom Auge scharf wahrgenommen. Es ist der Bereich, den du direkt ansiehst. Außerhalb davon kannst du weitere Dinge eher unscharf wahrnehmen. Bestimmt kennst du den Spruch:»etwas aus den Augenwinkeln beobachten«. Beim Lesen ist aber vorrangig das zentrale Sichtfeld von Bedeutung. Wenn du nun ein Buch zu nah vor dein Gesicht hältst, dann verkleinert sich dein Blickfeld. Es fällt dir schwerer, mehrere Wörter gleichzeitig zu erfassen.

Wähle deshalb lieber einen etwa um zehn Zentimeter größeren Abstand, als du es gewohnt bist. Jedes Mal, wenn du ein Buch zur Hand nimmst, probierst du kurz aus, welche Entfernung sich für dich noch angenehm anfühlt und bei der du trotzdem einen besseren Überblick über die Seite hast.

Warum ist aber unser Gehirn überhaupt in der Lage, mehrere Wörter auf einmal zu verarbeiten? Es kommt hierbei vor allem darauf an, um welche Wörter es sich handelt. Manche sind extrem wichtig, und der ganze Satz macht keinen Sinn mehr, wenn sie fehlen. Am folgenden Beispiel wird dies schnell deutlich: »Tausende Augenpaare beobachteten ihn, als er auf den … schoss.« Von zehn Wörtern im Satz fehlt lediglich ein einziges und schon versteht man nicht mehr, worum es überhaupt geht.

Lässt man dagegen andere, eher unwichtige Wörter weg, hat der Satz trotzdem noch einen Sinn: »Tausende Augenpaare … , … er auf … Torwart schoss.« Im Satz fehlen gleich vier Füllwörter. Trotzdem ist der Inhalt verständlich.

Hin und wieder wird es dir aber passieren, dass du auf ein Wort stößt, das du nicht kennst. Meist leitet unser Gehirn den Sinn des Wortes dann aus dem Zusammenhang des Satzes her. Wenn du beispielsweise das Wort »privat« noch nicht kennst, so verstehst du trotzdem den folgenden Text: »Der Hausmeister hatte ein großes Schild mit der Aufschrift »PRIVAT« an seiner Bürotür aufgehängt, weil ihn die ständigen Besucher störten.« Schnell ist klar, was mit »privat« gemeint ist.

Kritisch wird es allerdings, wenn dir Fremdwörter oder Fachwörter begegnen, die sich nicht ohne weiteres aus dem Textinhalt erklären. Wenn du das Wort überspringst und einfach weiterliest, kann es passieren, dass du den anschließenden Text nicht richtig verstehst. Am besten schaust du deshalb kurz im Lexikon oder im Internet nach, was sich hinter dem unbekannten Begriff verbirgt.

Die große Herausforderung beim Speed Reading besteht nun darin, den Geschwindigkeitsunterschied zwischen leichten Füllwörtern und schwierigen Fremdwörtern auszugleichen und auf eine gleichmäßige Augengeschwindigkeit zu achten. Das Auge sollte zügig von einer Fixierung zur anderen schweifen und keine weiteren Zwischenstopps einlegen. Damit wir unsere Augen daran gewöhnen, hilft oft eine kleine Lesehilfe, die wir zwischen den Fixierungspunkten über den Text gleiten lassen. Es fällt uns sehr leicht, mit den Augen einer Bewegung zu folgen. Natürlich reicht der Zeigefinger als Unterstützung, aber dieser ist manchmal etwas zu dick. Besser ist eine Stricknadel, ein dünner Holzspieß oder ein längerer Nagel. Mit einiger Übung haben sich unsere Augen an diesen Rhythmus gewöhnt, und die Lesehilfe kann wieder weggelassen werden.

Mit welcher Lesegeschwindigkeit man liest, ist letztlich aber nicht so wichtig wie der eigentliche Spaß am Lesen. Hierzu hat uns René Descartes, ein französischer Mathematiker und Philosoph, das folgende, sehr schöne Zitat hinterlassen:»Das Lesen von guten Büchern ist wie eine Unterhaltung mit den besten Menschen vergangener Jahre.« Dieser Spruch ist schon über 370 Jahre alt, aber immer noch hochaktuell!

An dieser Stelle ist der Lesetest vorbei, und die Zeitmessung sollte beendet werden. Wie viele Sekunden hast du für diesen Test benötigt? Bitte teile wieder die Zahl 36 000 durch deine Sekundenanzahl, dann erhältst du deine neue Lesegeschwindigkeit:

Lesetest Nr. 2: _____ WpM $= \dfrac{36\,000}{\text{Sekundenzahl}}$

Ich hoffe, dass du mit der neuen Lesetechnik gut klargekommen bist und sich deine Lesegeschwindigkeit schon etwas erhöht hat. Auf jeden Fall solltest du die Technik auch in Zukunft weiterhin üben. Vielleicht schnappst du dir eines von deinen Lieblingsbüchern und versuchst die ersten 20–30 Seiten so zu lesen, wie du es vorhin ausprobiert hast. Da du das Buch schon kennst, wird dir das neue Lesen leichter fallen als mit einem völlig unbekannten Text.

Wenn du vom Virus des Schnelllesens erst einmal infiziert bist, möchtest du dich sicher noch intensiver mit dem Thema beschäftigen. In diesem Fall empfehle ich dir das Buch»Speed Reading« von Tony Buzan, das Techniken für Fortgeschrittene behandelt. Hier muss auch schon mal eine Zeile von hinten nach vorn gelesen werden, oder man versucht zwei Zeilen gleichzeitig zu erfassen. Den Profis wird sogar die sogenannte Wellentechnik empfohlen, d. h. die Augen wandern nicht mehr über die Zeilen, sondern bewegen sich von oben nach unten in einer Wellenbewegung über die Buchseite.

Zusammenfassung:
- Die mittlere Lesegeschwindigkeit beträgt 150 bis 200 Wörter pro Minute (WpM). Diese kann deutlich gesteigert werden.
- Da unser Gehirn deutlich mehr Wörter verarbeiten kann, müssen wir auf eine gleichmäßige Augenbewegung achten.
- Rücksprünge oder zu viele Fixierungen (Textstellen, an denen die Augen kurz stehen bleiben) sollten vermieden werden.
- Mit nur einer Fixierung können auch längere Wortgruppen erfasst werden. Mit etwas Übung reichen zwei Fixierungen je Zeile.

Auflösung zum »verrückten Gehirnbrief«:

Wenn du mir ein bestimmtes Wort zeigst, dann vergleiche ich es sofort mit den Wörtern, die mir bekannt sind. Buchstaben, die fehlen oder verrutscht sind, kann ich recht schnell in Gedanken verbessern und erkenne dann den Sinn. Ich prüfe auch gleich, ob das Wort in den restlichen Satz sinnvoll passt.

Beim Hören funktioniert es übrigens genauso. Wenn jemand undeutlich spricht und du nicht alles verstehst, dann ergänze ich für dich so viel wie möglich. Dieses funktioniert natürlich nur bei Wörtern, die ich schon kenne. Aber bitte pass trotzdem immer gut auf, dann ist es für mich leichter!

18. Wie beeindruckst du deine Mitschüler? (Schwierigkeitsgrad ***)

Das Tolle an den Gedächtnistechniken ist, dass sie dir in vielen Situationen einen echten Vorteil verschaffen können. Es sollte aber nicht darum gehen, mit den neuen Fähigkeiten anzugeben, sondern an der einen oder anderen Stelle die Mitschüler oder Freunde auch mal verblüffen zu können. Hierbei tankt man eine Menge Selbstbewusstsein und wird innerlich gleich etliche Zentimeter größer. Vielleicht kommst du sogar einmal in die Situation, vor deiner Klasse einen Vortrag halten zu müssen. Hierfür bietet sich das Thema Gedächtnistraining ausgezeichnet an, weil du nicht nur interessante Dinge erzählen, sondern auch mit ziemlich wenig Lernaufwand Beeindruckendes vorführen kannst.

Beim »Kofferpacken« nie den Überblick verlieren

Einige der folgenden Tipps sind sehr leicht verständlich, andere hingegen werden deine Gehirnwindungen schon etwas zum Glühen bringen. Nicht bei allen Übungen kommen Gedächtnistechniken ins Spiel – manchmal reicht auch ein wenig Rechengeschick. Beginnen wir gleich mit dem bekannten Spiel »Ich packe meinen Koffer«. Du kennst es bestimmt – es geht darum, sich möglichst viele lustige Gegenstände in der richtigen Reihenfolge zu merken, die man in einen gedachten Urlaubskoffer packt.

Letztens habe ich mit den Schülern meiner Schul-AG »Gedächtnistraining« eine besonders schwere Variante des »Kofferpackens« gespielt. Wir benutzten im Spiel nicht irgendwelche einfachen Gegenstände, sondern kompliziertere Wortgruppen: Fine Armbanduhr mit 12 Ziffern, zwei Knöpfen zum Drehen und zwei goldenen Zeigern. Eine linke, stinkende gelbe Socke. Katharinas schwarze

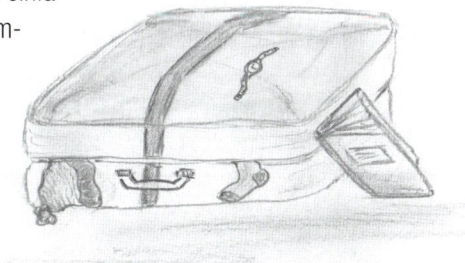

Wollmütze. Eine Bibliothek mit 12 Erwachsenen, davon die Hälfe männlich mit schwarzen Haaren und blauen Augen.

Wenn du die letzten Kapitel aufmerksam gelesen hast, fallen dir sicherlich gleich zwei Lösungswege ein, um solche Wortketten besser behalten zu können: die Geschichtenmethode und die Loci-Methode.

Zuerst zur Geschichtenmethode. Du bildest nacheinander aus den Gegenständen eine lange und fantasiereiche Geschichte. Da bei diesem Spiel jeder Mitspieler alle vorangegangenen Begriffe wiederholen muss, gibt es für dich genug Chancen, auch eine sehr lange Wörterkette sicher zu lernen und die Verknüpfungen zu wiederholen. In unserem Beispiel hätte z. B. über dem linken der beiden goldenen Zeiger der Armbanduhr eine gelbe Socke gehangen, die fürchterlich stinken würde. Auf der Socke könnte das Bild einer schwarzen Wollmütze eingestickt gewesen sein, usw. Wichtig ist, dass der nachfolgende Begriff immer bildlich mit dem vorhergehenden Gegenstand verbunden ist.

Die Loci-Methode: Du verknüpfst jeden Gegenstand mit einem Routenpunkt auf einer Loci-Route. Besonders lustig ist es, wenn du nicht irgendeine Route benutzt, sondern die Gegenstände an verschiedenen Körperteilen deiner Mitspieler platzierst. In Kapitel 9 findest du eine ausführliche Beschreibung der Körperroute. Wenn wir wieder bei den Beispielgegenständen bleiben, dann hätte die linke, stinkende gelbe Socke über dem linken Ohr eines Mitspielers hängen können oder ein anderer Mitspieler hätte auf seinem Kopf zwischen seinen Haaren eine ganze Bibliothek versteckt, und 12 Erwachsene würden seine Haare durchwühlen, um die Bücherregale zu finden. Häufig genügt es, sich ein kurzes Bild mit einem einzigen Stichwort (z. B. Bibliothek) vorzustellen. An die restlichen Informationen (z. B. schwarze Haare und blaue Augen) erinnern wir uns auch ohne Technik, weil wir uns auf unser natürliches Gedächtnis verlassen können.

Katharina, eine Schülerin aus unserer Gruppe, konnte sich bei dem Spiel die Wörter besonders sicher einprägen und sehr schnell wiedergeben, wenn sie am Zuge war. Sie hatte als Einzige die Loci-Methode benutzt und sich so den gedachten Kofferinhalt intensiv eingeprägt. Wenn du dieselbe Technik anwendest, wirst du zukünftig fast jedes Koffer-Spiel mit Abstand gewinnen.

Quadratzahlen kennt man doch!?

Das nächste Beispiel kommt aus dem Bereich Mathematik – und hat im Speziellen mit dem Quadrieren von Zahlen im Kopf zu tun. Leichte Rechenaufgaben wie das Quadrat von 5 oder das Quadrat von 9 sind für dich keine Herausforderung, das hast du bereits in der Grundschule gelernt. Etwas komplizierter wird es, wenn man zweistellige Zahlen quadrieren möchte, vielleicht hast du auch die Quadratzahlen bis zur 20 bereits in der Schule gelernt.

Richtig schwierig wird es aber bei hohen zweistelligen oder sogar dreistelligen Zahlen. Hier wirst du normalerweise um komplizierte Rechenanstrengungen nicht herumkommen. Zur Vereinfachung kann man die Quadratzahl gleich mit einer speziellen Gedächtnistechnik auswendig lernen. Zur Anwendung kommen dann dieselben Buchstaben-Zahlen-Kombinationen, die dir in diesem Buch schon des Öfteren begegnet sind. Entsprechend der Form der Zahl ergibt sich:

Ziffer	0	1	2	3	4	5	6	7	8	9
Buchstabe	D	T	N	M	K	S	G	L	B	P

Nehmen wir uns als Beispiel die Zahl 56 vor. Hier würden die Buchstaben SG entstehen, die dann in unserem Twin-System das Wort Segel ergeben (das »L« am Ende des Wortes wird bei zweistelligen Zahlen nicht mehr berücksichtigt).

Das Quadrat von 56 ergibt nun aber leider gleich eine vierstellige Zahl, die 3136. Ein erster Gedanke kann natürlich sein, die 3136 wiederum in zwei zweistellige Zahlen zu zerlegen und die entsprechenden Ersatzbegriffe im Twin-System zu verwenden.

An dieser Stelle sollst du aber einen Schritt weiter denken. Wir können auch ein einziges Wort benutzen, das gleich alle vier Ziffern in sich verschlüsselt hat: Aus 3136 wird MTMG, und daraus kann z. B. das Wort Mathemagie gebildet werden. Aus den Begriffen Segel und Mathemagie wird nun eine kleine Merkgeschichte gebaut. Wir sollten dabei auch gleich mitverschlüsseln, dass es sich um eine Quadrierung handelt. Stell dir vor, dass du auf ein riesiges Segel die Ziffer 2 malst. Wie von magischer Hand erscheinen nun völlig neue Rechenaufgaben mit den zugehörigen Ergebnissen, es kann sich nur um echte Magie handeln – um Mathemagie!

Auch bei dreistelligen Zahlen kann das gleiche Vorgehen gewählt werden, z. B. bei der Zahl 232. Da das Twin-System bei 99 endet, müssen wir uns aber im ersten Schritt einen Ersatzbegiff mit den passenden Buchstaben NMN (= 232) suchen, z. B. das Wort N̲a̲m̲e̲n̲. Das Quadrat von 232 beträgt nach Adam Riese (dem berühmten deutschen Rechenmeister) 53 824. Dies entspricht den Buchstaben SMBNK, woraus man beispielsweise das Wort S̲a̲m̲b̲a̲-I̲n̲k̲a̲ daraus bilden kann. Zugegeben, das Wort Samba-Inka ist schon etwas an den Haaren herbeigezogen, doch gerade deshalb eignet es sich ausgezeichnet als Beispiel. Auch ungewöhnliche Worte kann man sich sehr gut in Gedanken ausmalen. Stell dir einfach einen südamerikanischen Eingeborenen (einen Inka) vor, der bunt bekleidet mit rollenden Hüften eine Samba tanzt. Immer wenn du ihn zweimal beim N̲a̲m̲e̲n̲ rufst, fängt er an zu tanzen, denn 232 mal 232 = 53 824. Mithilfe solcher Memo-Geschichten kannst du dir noch viele andere Quadratzahlen einprägen und bei passender Gelegenheit in der Schule anbringen. In jedem Fall solltest du aber im Kopf immer eine Sicherheitsrechnung machen, ob die Größenordnung stimmen kann. 200 mal 200 = 40 000. Also kommt 53 824 hin. So vermeidest du Fehler und ein zu langes Merkwort (z. B. »Samba-Inka̲s̲«) führt dann nicht zu der falschen Zahl 538 24̲5̲.

Um geeignete Ersatzwörter zu finden, musst du natürlich manchmal schon etwas suchen. Als kleiner Tipp hilft dir vielleicht weiter, dass das Merkwort auch mit einem Vokal beginnen kann, und z. B. die Zahl 151 (Buchstabencode: TST) nicht nur durch T̲as̲t̲e, T̲es̲t̲ oder T̲oas̲t̲, sondern auch durch das Wort Au̲t̲os̲i̲t̲z̲ verschlüsselt werden könnte.

Die Zahl Pi und der Eisbärpelz

Versuchen wir uns nun einmal an einer ganz anderen Herausforderung: der **Zahl Pi**. Aus dem Mathematikunterricht kennst du bestimmt die Besonderheit dieser Zahl: Es gibt unendlich viele Stellen nach dem Komma, und bislang sind keine Wiederholungen von Zahlengruppen bekannt. Seit vielen Jahren werden regelmäßig neue Rekordversuche rund um die Zahl Pi veranstaltet. So hat erst vor kurzem ein japanischer Ingenieur mithilfe eines Supercomputers rund 5,0 Billionen Nachkommastellen berechnen können. Auch beim Auswendiglernen werden regelmäßig neue Rekorde aufgestellt. Den aktuellen Guinness-Weltrekord hält seit 2005 der Chinese Chao Lu, der sich mit den entsprechenden Gedächtnistechniken 67 890 Stellen fehlerfrei einprägen konnte.

Du findest im Folgenden nun einen ganz besonderen Tipp, wie du innerhalb von nur wenigen Minuten die ersten 21 Stellen von Pi lernen kannst. Du musst dir lediglich den folgenden verrückten Satz einprägen:

»Im Takt sprang sie vom Eisbärpelz prima einem Bäcker weg.«

Wen oder was wird der Bäcker wohl jagen? Vielleicht eine kleine Maus, die immer wieder an seinem Getreide knabbert? Die Mäusejagd könnte ebenso lang dauern wie die Zahl Pi – nämlich unendlich.

Wenn du nun aus dem Satz die Konsonanten (Mitlaute) entsprechend unserer Buchstabenzuordnung übersetzt, dann erhältst du folgende Zahlenkombination:

$$3 , 141\ 5926\ 5\ 3\ 5897\ 93\ 23\ 84\ 6$$

Jede Lücke in der Zahlenreihe bedeutet, dass ein neues Codewort beginnt. 5926 steht hier für das Wort »sprang.« Jetzt kann dich die Zahl Pi nicht mehr schocken, und kein einziger Mitschüler kennt auch nur annähernd so viele Stellen von Pi auswendig, wie du auf Lager hast!

Eine neue Sitzordnung und helfende Binärzahlen

Eine andere Möglichkeit, deine Mitschüler zu beeindrucken, hat mit speziellen Zahlen – den **Binärzahlen** – zu tun. Wie du weißt, bestehen Binärzahlen nur aus Nullen und Einsen (z. B. 011001). Die folgende Gedächtnisaufgabe konntest du tatsächlich während eines Klassenvortrages zum Thema Gedächtnistraining sehr gut einbauen. Hierzu müssen sich alle deine Mitschüler einmal umsetzen, so dass eine ganz neue Sitzordnung entsteht. Du schaust dir die neu besetzten Plätze nur ein bis zwei Minuten lang an und kannst dann mit geschlossenen Augen die richtige Reihenfolge von Mädchen und Jungen sehr sicher aufsagen.

Das funktioniert folgendermaßen:

Alle Mädchen stehen für eine 1 – alle Jungen bedeuten eine 0. Mädchen wird es vielleicht gefallen, dass Jungen eine Null sein sollen. Wenn du ein Junge bist, dann lässt du eben alle Mädchen Nullen sein (du musst es ihnen ja nicht verraten). Nun teilst du deine Mitschüler in Dreiergruppen ein, um aus drei Binärzahlen eine Dezimalzahl zu erzeugen:

Junge, Junge, Junge = 000 = 0
Junge, Junge, Mädchen = 001 = 1
Junge, Mädchen, Junge = 010 = 2
Junge, Mädchen, Mädchen = 011 = 3
Mädchen, Junge, Junge = 100 = 4
Mädchen, Junge, Mädchen = 101 = 5
Mädchen, Mädchen, Junge = 110 = 6
Mädchen, Mädchen, Mädchen = 111 = 7

Wenn du genau wissen möchtest, warum z. B. 110 für die 6 steht, dann beginne in der Dreiergruppe von links nach rechts zu rechnen. Die erste Position steht für 2^2, die mittlere Position für 2^1 und die rechte für 2^0. Diese multiplizierst du mit dem gegebenen Wert 0 oder 1. Bei der 6 bedeutet dieses:
$1 \cdot 2^2 + 1 \cdot 2^1 + 0 \cdot 2^0 = 4 + 2 + 0 = 6$)
Achtung: Denke daran, dass $2^0 = 1$ ist!

Mit etwas Übung geht dir diese Umformung sehr schnell von der Hand. Zum Beispiel wird aus der Reihenfolge Junge, Mädchen, Mädchen (011) die Ziffer 3 und Mädchen, Mädchen, Mädchen (111) bedeutet 7. Du fügst alle Binärzahlen zusammen und erhältst die Zahl 37. Wenn du bereits das Twin-System bis 99 beherrschst, kannst du aus der Zahl 37 unmittelbar den Ersatzgegenstand »Maulwurf« bilden (schau ansonsten auch mal in der Liste im Anhang nach). Insgesamt sechs Binärzahlen werden dann also mit nur einem einzigen Ersatzbegriff verschlüsselt. Sitzen in deiner Klasse 30 Mitschüler, so musst du dir gerade mal fünf Wörter des Twin-Systems merken! Weitere Informationen zum Twin-System findest du in Kapitel 6.

Solltest du mit dem Twin-System noch nicht so vertraut sein, dann kannst du auch folgende leichte Hilfe benutzen: Aus den einstelligen Zahlen von 0 bis 9 bildest du entsprechend der Form direkt einen Ersatzgegenstand, der dann für drei Binärzahlen genutzt werden kann. Die Buchstaben kommen in diesem Fall nicht zum Einsatz:

Ziffer	Gegenstand	Ziffer	Gegenstand
0 = Ball		1 = Stift	
2 = Schwan		3 = Herz	
4 = Segelboot		5 = Rollstuhl	
6= Kirsche		7 = Sense	
8 = Schneemann		9 – Schläger	

Aus Mädchen, Junge, Mädchen (101 = 5) und Mädchen, Junge, Junge (100 = 4) werden dann also der Rollstuhl (5) und das Segelboot (4). Bei 30 Mitschülern benötigst du also zehn Ersatzbegriffe, die du dir wie beim Spiel »Kofferpacken« mithilfe einer kleinen Geschichte oder einer Loci-Route merken kannst. Zum Üben findest du auf der folgenden Seite acht Reihen mit Gesichtern. Jede Dreier-Kombination kommt genau einmal vor. Du kannst die Seite kopieren, in Streifen schneiden und erhältst so kleine Übungskärtchen. Sie eignen sich gut zum Ausprobieren. Am besten ist es, wenn du die Seite sogar mehrfach kopierst und am Ende eine Vielzahl von Streifen hast, damit die Vielfalt größer ist und auch doppelte Varianten vorkommen können.

Fingerzählen – bis der Arzt kommt

Im Übrigen kann man mit dem Binär-System noch ganz andere Dinge anstellen. So kannst du mit einer Hand bis 31 zählen, obwohl du nur fünf Finger hast. Nummeriere einfach die Finger folgendermaßen: der kleine Finger bedeutet 2^4, der Ringfinger 2^3, der Mittelfinger 2^2, der Zeigefinger 2^1 und der Daumen 2^0.

Kennst du eigentlich den Gruß der Surfer und der Snowboarder? Hier werden der Daumen und der Zeigefinger ausgestreckt. Ausgestreckte Finger stehen für eine 1 und eingeknickte für eine 0. In unserem Binärsystem bedeutet der Surfergruß dann 17 (von links nach rechts).

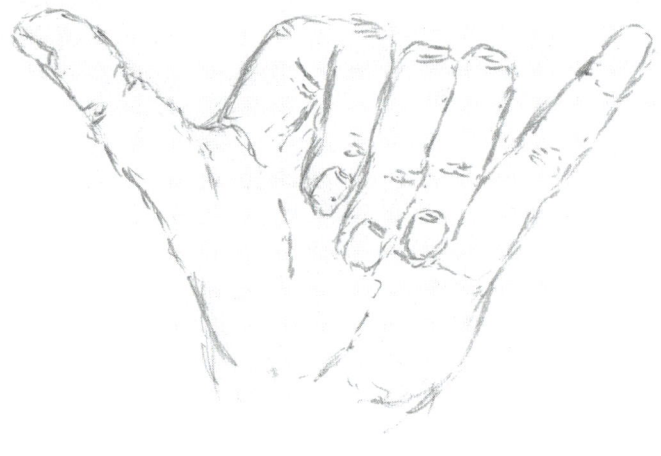

$2^4 \cdot \underline{1} + 2^3 \cdot \underline{0} + 2^2 \cdot \underline{0} + 2^1 \cdot \underline{0} + 2^0 \cdot \underline{1} = 16 + 0 + 0 + 0 + 1 = 17$.

Mit zwei Händen kannst du sogar bis 1023 zählen! Und nun wird es richtig spannend! Stell dir einmal vor, du sitzt im Matheunterricht, und deine Klasse schreibt gerade einen Test. Natürlich brauchst du keine Hilfe und musst nicht abschreiben. Aber vielleicht möchtest du mit einem Mitschüler die Ergebnisse kontrollieren? Hierbei könnt ihr wunderbar eure neue Geheimsprache nutzen und die Ergebnisse vergleichen – ohne, dass der Lehrer irgendetwas Auffälliges bemerkt.

Lieber Wurzeln ziehen als Zahnschmerzen haben

Ebenfalls genial ist die folgende Methode zum Ziehen der Wurzel aus einer bekannten Quadratzahl. Allerdings solltest du gewarnt sein, denn diese Übung
ist wohl die allerschwerste des Buches! Als Grundlage für diesen Rechentrick
musst du das Einmaleins beherrschen. Angenommen, du sollst im Kopf die
Wurzel aus 2809 ziehen. Die beiden Stellen rechts (09) interessieren dich erst
einmal nicht, so dass du mit der 28 beginnst. Überlege dir, welche Zahl als Quadrat gerade noch in die 28 passt. Dies wäre die 5, weil hier das Quadrat 25 lautet. Die 6 passt schon nicht mehr, weil 6 mal 6 = 36 größer als 28 ist.

Die erste Stelle der gesuchten Zahl ist also die 5. Die zweite Stelle ermittelst
du wie folgt: Die gegebene Quadratzahl 2809 zeigt als letzte Ziffer die 9. Eine 9
hinten kann sich nur aus 3 mal 3 oder 7 mal 7 ergeben. Es ist also nur noch zu
klären, ob es sich bei der gesuchten Zahl um die 53 oder die 57 handelt. Hierfür nutzt du die Differenz, die sich aus dem Quadrat der ersten ermittelten Stelle
(5 mal 5 = 25) und den beiden vorderen Stellen der gegebenen Zahl (28) ergibt: 28−25 = 3. Ist die Differenz kleiner als die erste ermittelte Stelle (5), dann

nimm die kleinere Variante (53), ansonsten die größere Variante (57). Es kann sich also im Beispiel nur um die 53 handeln, weil 3 kleiner als 5 ist!

Na, bist du nun komplett verwirrt? Dann sieh dir bitte noch mal das folgende Schaubild an:

Gesucht ist die Wurzel aus der Quadratzahl **2809**.

Linker Teil: 28	Rechte Ziffer: 9
Linke gesuchte Zahl: 5 (da $5 \cdot 5 = 25 < 28$)	Rechte gesuchte Zahl: 3 oder 7 (nur das Quadrat von 3 oder 7 endet mit 9) Ermittlung der rechten Zahl: 28 (linker Teil) minus 25 ($5 \cdot 5$) = Rest 3 Rest 3 ist kleiner als linke Zahl 5 Also: kleinere Variante von 3 und 7 => 3 Die Lösung lautet: **53** !

Bei der rechten Ziffer der Quadratzahl müssen nur wenige Kombinationen abgeprüft werden, die man sich sehr schnell einprägen kann:

1 = Basis ist 1 oder 9
4 = Basis ist 2 oder 8
6 = Basis ist 4 oder 6
9 = Basis ist 3 oder 7
0 = Basis ist immer 0
5 = Basis ist immer 5
2, 3, 7 oder 8 = kommen nie vor!

Damit du die neue Rechenabkürzung gleich mal einüben kannst, hier weitere zehn Quadratzahlen:

6889, 4624, 2916, 9604, 1521
4225, 8281, 6724, 4096, 12544

Bestimmt hast du bei der letzten Zahl 12544 gestutzt, weil sie fünfstellig ist. Aber auch hier ist es leicht: Lege wieder die beiden rechten Stellen zur Seite (44) und überlege, welche Zahl im Quadrat gerade noch in die linke Zahlengruppe (125) hineinpasst. Es handelt sich um die 11, da 11 mal 11 = 121 ist. Die 11 ist also der erste, linke Teil unserer gesuchten Zahl. Für den rechten Teil kommen nur die 2 oder die 8 infrage, weil nur diese Zahlen ein Quadrat bilden, welches auf 4 endet.

Um zu ermitteln, ob es sich um die 2 oder die 8 handelt, müssen wir wieder die Differenz zwischen 121 und 125 (=4) mit dem bereits ermittelten linken Teil der gesuchten Zahl (11) vergleichen. Da 4 kleiner als 11 ist, folgt hieraus, dass es sich bei der gesuchten Zahl nicht um 118, sondern um 112 handeln muss!

Das Einzige, das du für diese erweiterte Übung auswendig lernen solltest, sind die Quadratzahlen bis zur Zahl 19. Nun kannst du deinen Mitschülern etwas wirklich Beeindruckendes zeigen. Drücke ihnen einen Taschenrechner in die Hand und bitte sie, das Quadrat einer Zahl zwischen 1 und 200 zu berechnen. Es handelt sich hierbei um Ergebnisse bis zu 40 000! Wenn sie dir dann das berechnete Resultat nennen, bist du innerhalb kürzester Zeit in der Lage, wieder die Basiszahl – also die Wurzel – zu bestimmen. Deine Freunde werden über deine neuen Rechenfähigkeiten völlig verblüfft sein. Aber denke bitte daran, dass der Trick nur bei echten Quadratzahlen funktioniert! Wenn du aus anderen Zahlen die Wurzel ziehen möchtest, darfst du diese Rechenabkürzung nicht benutzen.

Zusammenfassung:

- Wenn du dir viel schneller Dinge merken kannst als andere, dann wird dein Selbstbewusstsein gestärkt und du traust dir viel mehr zu.

- Mit der Geschichtenmethode oder der Loci-Technik (und etwas Konzentration) gewinnst du jede Spielrunde von »Ich packe meinen Koffer …«

- Binärzahlen (Nullen und Einsen) eignen sich ideal, um die Reihenfolge von z. B. Jungen und Mädchen in einem Klassenraum auswendig zu lernen. Mit dem Twin-System können dann in einem einzigen Ersatzbegriff sechs Binärzahlen verschlüsselt werden.

- Es gibt eine geniale Rechenabkürzung, um ganz einfach aus Quadratzahlen bis 40 000 die Wurzel ziehen zu können.

- Mit der Buchstabenverschlüsselung kannst du dir leicht sehr viele Stellen der Kreiszahl Pi oder Quadratzahlen merken.

19. Wie wirst du beim Schachspielen richtig gut? (Schwierigkeitsgrad ***)

Ich spiele selbst sehr gern Schach. Deshalb zerbreche ich mir schon seit langer Zeit den Kopf, wie man auch beim Schach die Gedächtnistechniken einsetzen kann. In der Vergangenheit hatte sich noch niemand so richtig an das Problem herangewagt. Nur in zwei bis drei älteren Büchern wurde ganz kurz über dieses Thema geschrieben.

Deshalb habe ich nun eine Gedächtnistechnik für das Schachspiel entwickelt, die sich vorrangig an junge Schachspieler mit Grundkenntnissen richtet. Solltest du die Schachregeln noch nicht kennen, dann überspringe dieses Kapitel ruhig.

Bevor du dich aber mit dem Schachsystem beschäftigst, solltest du dir noch über einen Punkt im Klaren sein: Du musst dich ausgezeichnet konzentrieren können, um ein guter Schachspieler zu werden. Darüber habe ich mir viele Gedanken gemacht und auch etwas Passendes gefunden – die Schachpyramide.

Man spielt auf ihr mit den ganz normalen Schachregeln. Die inneren Ringe wurden wie bei einer Pyramide angehoben. Man muss sehr aufpassen, wohin sich die Figuren bewegen können. Läufer oder Türme können plötzlich auf der anderen Seite der Pyramide auftauchen. Springer können sich schnell von

Ebene zu Ebene bewegen. Man muss sich also viel stärker konzentrieren, um alle Gefahren oder Fallen zu erkennen. Ich selbst spiele schon eine ganze Weile mit der Schachpyramide und bin immer noch völlig begeistert.

Die Verschlüsselung von Schachzügen

Wenn du schon etwas Schacherfahrung gesammelt hast, kennst du die Bedeutung der ersten Züge. Sie bestimmen nicht nur, ob es ein eher ruhiges oder kämpferisches Spiel wird. Gerade wenn man am Anfang die falschen Züge wählt, ist der Gegner schnell im Vorteil.

Die verschiedenen Reihenfolgen der ersten Züge sind als Eröffnungsvarianten bekannt. Es gibt eine Vielzahl von Schacheröffnungen, wie z.B. die Spanische Eröffnung, die Königsindische Verteidigung oder das Damengambit. Ein Gambit ist übrigens eine Eröffnung, bei der man einen Bauern opfert, um hieraus einen Nutzen auf dem Schachbrett zu erzielen.

Auf jeden Fall hast du große Vorteile, wenn du möglichst viele Eröffnungsvarianten auswendig kennst. Du weißt, wie du auf bestimmte Züge am besten reagierst oder wie du deinen Gegner schon am Anfang unruhig werden lassen kannst.

Genau hier setzt die spezielle Gedächtnistechnik an und hilft dir beim Kennenlernen einiger Eröffnungen. Zugegeben, auf den ersten Blick sieht die neue Technik nicht ganz einfach aus. Aber mit einem Schachbrett vor deiner Nase und etwas Zeit wirst du es auf jeden Fall schnell verstehen können. Als dritte Zutat kommen wieder – na, was wohl – fantasiereiche Geschichten zum Einsatz. Wir wollen doch so viel Spaß wie möglich dabei haben!

Unsere Technik entwickeln wir aus der üblichen Bezeichnung der Schachzüge – der Schachnotation. Drei Informationen werden in einem einzigen Ersatzwort verschlüsselt:

- zuerst die Figur
- anschließend die Spalte (a bis h) vom Zielfeld
- und dann die Zeile (1 bis 8) vom Zielfeld.

Die Bezeichnung De7 bedeutet also, dass die Dame (D) auf das Feld e7 ziehen soll. Wenn der weiße Spieler am Zug ist, handelt es sich um die weiße Dame – beim schwarzen Spieler um die schwarze Dame. Das ist natürlich logisch, bedeutet aber, dass wir uns die Farbe nicht mit einprägen müssen. Wahrscheinlich könnte sowieso nur eine der beiden Damen das Zielfeld in einem Zug erreichen.

Für die anderen Figuren gibt es ebenfalls passende Abkürzungen. Mit den verschiedenen Abkürzungen beginnen wir später unsere Merkwörter für die Züge. Als Vorbereitung für unser System findest du gleich alle möglichen Varianten:

Figur	Abkürzung
König	K (auch Kl, Kn, Kr)
Dame	D (auch Dr)
Turm	T (auch Tr)
Springer	S (auch Sp, Spr, St, Str, Sch, Schl, Schn, Schr)
Läufer	L
Bauer	B (auch Br, Bl)

Wir wollen nun den kompletten Schachzug in einem Wort verschlüsseln. Wenn die Dame ziehen soll, dann beginnt das Wort natürlich mit D (wie z. B. Dach) oder mit Dr (wie der Drache). Anschließend müssen wir noch die Spalte (a bis h) und dann die Zeile (1 bis 8) einbauen.

Bei den Spalten handelt es sich bereits um Buchstaben, die wir hier fast unverändert benutzen können (A bis H). Allerdings müssen wir das schwierige »C« umgehen und benutzen hierfür immer den Buchstaben »K«. Uns stehen so deutlich mehr Wörter zur Verfügung stehen.

Für die Zeilen benutzen wir dieselbe Umwandlung aus dem Twin-System, die in diesem Buch schon öfter vorgestellt wurde (die 0 und 9 brauchen wir hier aber nicht):

Ziffer	1	2	3	4	5	6	7	8
Buchstabe	T	N	M	K	S	G	L	B

Nehmen wir uns einmal einige leichte Züge vor: Wenn der Springer nach a7 zieht, wird dies mit Sa7 bezeichnet. Die Ziffer 7 wird zum Buchstaben L, so dass wir die Kombination »SaL« vor uns haben. Wir suchen uns nun ein Wort, das mit diesen Buchstaben beginnt, wie z. B. Salz, Salbe, Salami oder Salto. Schachzüge, die auf die Spalte »E« setzen, sind ebenso schnell und einfach verschlüsselt. Hier siehst du noch einige Beispiele für die Spalten »A« und »E« (die Buchstaben »a« und »e« müssen immer an der zweiten Stelle stehen!):

Läufer a4 (La4) = »LAK« − Laken, Lakritz aber auch Lack.
Bauer e5 (Be5) = »BES« − Besen, Besuch, aber auch Beispiel.
Springer e2 (Se2) = »SEN« − Sense, Senkel, aber auch Seenot.

Wenn die Spalten mit einem Mitlaut bezeichnet werden (wie B, D, F usw.), musst du eine weitere Verschlüsselungsregel kennen:

Wir fügen zwischen den wichtigen Schlüsselbuchstaben noch andere ein, die im System keine Bedeutung haben, z. B. »i«, »o«, oder »u«, aber auch »r« usw.

Für den Zug Kg7 (König g7) wird also erst einmal KGL gebildet. Hieraus entsteht das Wort »Kugel«. Wir müssen hier aber mächtig aufpassen, denn das Wort »Kegel« wäre falsch, weil es ja für Ke6 stehen würde! Das Wort »Klagelied« würde aber funktionieren, denn hier kommt das »a« nicht an zweiter Stelle und wird dadurch nicht benutzt. Schau dir am besten die folgenden Beispiele an, dann verstehst du die Verschlüsselung noch schneller:

Läufer f1 (Lf1) = »LFT« – Lift, Luftballon, aber auch Lüfter.
Springer d5 (Sd5) = »SDS« – Südsee, Südost oder Schadstoff
Turm b2 (Tb2) = »TBN« – Toben, Tribüne oder Treibnetz

(Anmerkung: Der Buchstabe »h« bei »Schadstoff« wird nicht berücksichtigt, weil »Sch« dem normalen »S« gleichgesetzt wird).

Eröffnungen im Schach brauchen manchmal »Klogetöse«

Das Tolle an dem System ist, dass es unheimlich viele Wörter aus der deutschen Sprache benutzen kann. Wenn Buchstaben an einer bestimmten Stelle für das System keinen Sinn ergeben, lässt man sie einfach links liegen. Trotzdem ist immer eine ordentliche Herleitung des Zuges möglich. So stehen zum Beispiel alle folgenden Wörter für den Zug Kh7:

Kohlen, Knöchel, Kleinholz, Kranhalterung

Erinnere dich bitte noch mal daran, dass der Buchstabe »c« im Wort Knöchel keine Bedeutung hat, weil die Spalte »c« mit dem Buchstaben »k« verschlüsselt wird.

Anhand der wohl bekanntesten Schacheröffnung – der Spanischen Eröffnung – möchte ich dir das erste vollständige Beispiel zeigen. Du findest neben der Schachnotation auch gleich die Buchstabenfolge für unser System. In der linken Spalte der Tabelle stehen dann die Züge des weißen Spielers und rechts die schwarzen Züge.

1. Be4 (BEK)	Be5 (BES)
2. Sf3 (SFM)	Sc6 (SKG)
3. Lb5 (LBS)	Ba6 (BAG)
4. La4 (LAK)	Sf6 (SFG)
5. 0–0 (KGT)	Se4 (SEK)

Die Bezeichnung »0–0« steht hier übrigens für die kleine Rochade, und wir verschlüsseln einfach den Doppelzug des Königs zum Feld g1 (Kg1). Da der König mit diesem Zug ein Feld überspringt (von e1 nach g1), fällt uns bei der Wiedergabe auf jeden Fall ein, dass es sich nur um die Rochade handeln kann. Nun suchen wir uns die passenden Wörter:

BEK = Bekleidung	BES = Besen
SFM = Stiefmutter	SKG = Spukgespenst
LBS = Liebeslied	BAG = Bagger
LAK = Laken	SFG = Schlafgast
KGT = Kniegitarre	SEK = Sekunden

Natürlich bin ich nicht immer von allein auf die Wörter gekommen, sondern habe ein spezielles Programm hierfür benutzt. Für die Buchstaben KGT hätten zum Beispiel auch noch andere lustige Wörter funktioniert, z.B. Klauguthaben oder Klogetöse.

Aus den zehn ermittelten Wörtern bilden wir nun eine lustige Traumgeschichte: Du träumst, dass deine Bekleidung total schmutzig ist und du sie mit einem Besen reinigen möchtest. Leider ist das nicht so einfach, deshalb hilft dir deine Stiefmutter. Plötzlich erscheint ein Spukgespenst und singt für euch ein schauriges Liebeslied. Du flüchtest in einen Bagger und versuchst, mit der Baggerschaufel dem Gespenst das Laken wegzunehmen. Darunter hat sich doch tatsächlich dein Schlafgast versteckt – dein Freund, der heute bei dir übernachten wollte! Passend zu seinem Gesang zupft er auf einer Kniegitarre. Damit er endlich zu singen aufhört, musst du ihn viele Sekunden schütteln.

Bitte lies dir die Geschichte noch ein zweites Mal durch, anschließend kommt der große Test. Schreibe dir hierzu zuerst alle Merkwörter der Geschichte aus dem Gedächtnis auf. Danach solltest du das neue System ausprobieren und die richtigen Schachzüge aus den aufgeschriebenen Wörtern entschlüsseln. So kannst du am besten ausprobieren, ob du das System richtig verstanden hast. Denk dabei immer an die richtige Reihenfolge: Figur, Spalte (A bis H) und zuletzt die Zeile (1 bis 8).

Zum Üben findest du hier noch eine zweite Schacheröffnung: die Caro-Kann-Eröffnung in ihrer klassischen Form:

1. Be4 (BEK)	Bc6 (BKG)
2. Bd4 (BDK)	Bd5 (BDS)
3. Sc3 (SKM)	Be4 (BEK)
4. Se4 (SEK)	Lf5 (LFS)
5. Sg3 (SGM)	Lg6 (LGG)

Du siehst, dass zwei Züge aus der Spanischen Eröffnung auch hier vorkommen, und die Kombination »BEK« gleich doppelt erscheint. Damit wir mit unseren Geschichten nicht durcheinanderkommen, benutzen wir am besten nie dieselben Merkwörter:

BEK	=	Bekannter	BKG	=	Bleikugel
BDK	=	Blindekuh	BDS	=	Bindestrich
SKM	=	Strickmuster	BEK	=	Becken
SEK	=	Sektkorken	LFS	=	Lieferschein
SGM	=	Schaumgummi	LGG	=	Liegewagen

Jetzt überleg dir hierzu deine eigene Geschichte. Du musst darauf achten, dass die zehn Wörter immer genau Stück für Stück miteinander verknüpft sind. Sonst könnte es passieren, dass du bei der Wiedergabe ein Wort überspringst.

Auch bei dieser Eröffnung ist es wichtig, dass du dich im Anschluss selbst überprüfst. Schreibe zuerst wieder die Wörter auf und entschlüssele dann die Züge.

Beachte bitte für dein weiteres Schachtraining noch Folgendes: Für das schnelle Einprägen der richtigen Züge ist die Spezialtechnik sehr gut geeignet. Wenn du die jeweiligen Eröffnungen mehrfach ausprobiert hast, brauchst du aber die Merkgeschichten bald nicht mehr. Dein Gehirn sollte sich dann von allein an die richtigen Züge erinnern.

Außerdem kannst du in deiner Schachvorbereitung mit den Merkmethoden auch Abzweigungen lernen. In allen Eröffnungen gibt es verschiedene Zugvarianten, aus denen sich völlig neue Schachstellungen ergeben. Man kann mit guten oder schlechten Zügen darauf antworten. Am schönsten ist es aber, wenn der Gegner einen kleinen Fehler bei seiner Eröffnung macht und du genau den Zug kennst, der dies richtig cool ausnutzt.

Zur Erklärung der Abzweigungen benutzen wir die gerade vorgestellte Caro-Kann-Eröffnung. In deiner Geschichte hast du ja irgendwie den Sektkorken (Zug Nr. 4, weiß) mit dem Lieferschein und anschließend mit dem Schaumgummi verknüpft. Vielleicht hast du mit dem *Sektkorken* ein Loch in den *Lieferschein* geschossen und dieses mit *Schaumgummi* wieder gestopft? Wenn Schwarz nun aber im vierten Zug nicht Lf5 (Lieferschein) zieht, sondern Sf6 (schiefgehen), sollte Weiß am besten mit Sh3 (Suchmaschine) antworten. Manche ziehen hier gerne Dame f3 (Df3), um den Springer auf Feld e4 zu decken und das Mittelfeld weiter zu behaupten. Das kann aber sehr gefährlich für Weiß werden.

Wir sollten also diese »Abbiegung« in unsere Geschichte fest einbauen, um den Damenfehler zu umgehen: Mit dem *Sektkorken* zielen wir auf den *Lieferschein* – aber manchmal wird es auch *schiefgehen,* und der Schuss geht daneben. Dann müssen wir im Internet mit einer *Suchmaschine* recherchieren, wie es richtig funktioniert. Unsere Geschichte hat also auf einmal eine andere Wendung genommen. Mit weiteren Merkwörtern würden wir dann die Geschichte bei der *Suchmaschine* fortsetzen.

Damit dir die eigene Verschlüsselung von weiteren Eröffnungen leichter fällt, habe ich im Internet eine Vielzahl von Zügen mit Wortvorschlägen gespeichert. Allerdings musst du hierfür vorher das Rätsel in Kapitel 20 lösen, damit du die richtige Internetadresse erfährst. Ich hoffe, dass dir das System beim Einprägen von Eröffnungen viele hilfreiche Dienste leistet und den einen oder anderen Vorteil verschafft. Ab einem bestimmten Punkt im Spiel kommst du aber trotzdem nur noch mit logischem Denken und Erfahrung weiter, denn auch die beste Eröffnungsvariante ist irgendwann einmal zu Ende gedacht.

Hier meldet sich dein Gehirn:
»Vielleicht überrascht es dich, aber Schachspielen bringt nicht nur Spaß, sondern oft auch bessere Noten in der Schule. Meine Gehirnzellen können sich nach dem Schachtraining räumliche Dinge besser vorstellen und sich auch länger konzentrieren. Bei der nächsten Klassenarbeit wirst du dann nicht so schnell müde im Kopf, und ich kann länger für dich durchhalten.«

Alle Schachweltmeister der letzten 50 Jahre

Wir können die Gedächtnistechniken noch bei ganz anderen Dingen gut gebrauchen – beispielsweise, um uns die Schachweltmeister der letzten 50 Jahre einzuprägen.

1960: Michail Tal
1961: Michail Botwinnik
1963, 1966: Tigran Petrosjan (2-mal)
1969: Boris Spasski
1972: Robert Fischer
1975 bis 1984: Anatoli Karpow (4-mal)
1985 bis 1995: Garri Kasparow (6-mal)
2000, 2004, 2006: Wladimir Kramnik (3-mal)
2007, 2008 und 2010: Viswanathan Anand (3-mal)

Wir zerlegen die Nachnamen in bekannte Wörter, so dass wir jeden einzelnen Namen – so gut es geht – damit abbilden können:

Im *Tal* liegt ein B̲o̲o̲t̲ mit »W̲i̲n̲n̲i̲e̲« Puh darin (*Botwinnik*). In das Boot steigen außerdem seine zwei Freunde P̲e̲t̲e̲r̲ und J̲a̲n̲ (*Petrosjan, 2x*). Dann geht die wilde Fahrt los. Es macht den Freunden viel mehr Sp̲a̲ß̲ als S̲k̲ifahren (*Spasski*), bis ein betrunkener *Fischer* sie mit seiner Angel fängt. Die Freunde rufen: »Wir sind doch keine K̲a̲r̲pfen, o̲h̲ w̲e̲h̲!« (*Karpow*). Leider ist der Angler etwas betrunken und versteht »V̲i̲e̲r̲ sind doch keine Karpfen, oh weh!« (*Karpow ist 4x Weltmeister geworden.*) Erschrocken ruft er: »Hilfe – das sind ja sechs K̲a̲s̲p̲e̲r̲, o̲h̲ w̲e̲h̲!« Schließlich ist er betrunken und sieht die drei Freunde doppelt (*Kasparow, 6x*). Schnell wirft er den drei Freunden verschiedenen K̲r̲a̲m̲ ins G̲e̲n̲ick (*Kramnik, 3x*). In letzter Sekunde ducken sie sich, und er trifft alle drei nur a̲n̲ der H̲a̲n̲d̲ (*Anand, 3x*).

Kannst du dich schon nach einem Mal an die ganze Geschichte erinnern? Wegen der schwierigen Namen hast du sicher noch ein paar wenige Fehler – mit einer kurzen Wiederholung kriegst du es aber bestimmt hin!

Übrigens: Bereits vor Kasparow hatte es schon einmal ein Spieler geschafft, die Schach-WM 6-mal hintereinander zu gewinnen: Emanuel Lasker aus Deutschland beherrschte die Schachszene von 1894 bis 1910! Leider gab es nach seinem letzten Titel keinen weiteren WM-Sieg für Deutschland. Vielleicht entdeckst ja gerade du deine Begeisterung für Schach und begibst dich auf die Titeljagd!?

Zusammenfassung:

- Wer bei den Eröffnungszügen eines Schachspiels den besten Antwortzug kennt, der verschafft sich gleich große Vorteile für das weitere Spiel.

- Mit der richtigen Technik kannst du dir eine Vielzahl von Eröffnungsvarianten einprägen. Für jeden Zug werden Figur und Zielfeld in einem Merkwort verschlüsselt.

- Du hast in diesem Kapitel außerdem die Schach-Weltmeister der letzten 50 Jahre auswendig gelernt.

20. Bist du ein Grips-Junior? Mit den richtigen Antworten zur Geheimadresse im Internet!

Herzlichen Glückwunsch – du willst dich an die Abschlussfragen wagen! Hast du auch genug über die Gedächtnistechniken gelesen, oder versuchst du es einfach mal so? Ich selbst habe als Kind oft direkt das Schlussrätsel aufgeschlagen und konnte durch entsprechendes Ausprobieren schnell die Lösung ermitteln. Das darfst du hier auch gern versuchen – es wird dir allerdings nicht viel helfen! Ich habe nämlich einige kleine Hindernisse für »Ausprobierer« eingebaut. Wenn du dich aber mit allen Kapiteln des Buches ein wenig beschäftigt hast, sind die Fragen wirklich nicht schwer.

Jedes Kapitel – eine Frage

Na, dann wollen wir gemeinsam auf die Suche nach der Internetadresse machen! Sie ist in keiner Suchmaschine angemeldet und kann nur gefunden werden, wenn du das Lösungswort richtig ermitteln kannst. Der Aufwand lohnt sich aber, denn du bekommst auf der Website weitere Informationen zum Gedächtnistraining, Links zu anderen spannenden Seiten, ausführliche Systeme zu Spezialthemen und meine E-Mail-Adresse. Gern kannst du mir dann auch Fragen, Hinweise oder deine Meinung zu diesem Buch senden.

Die Internetadresse besteht aus insgesamt 9 Buchstaben:

www.☐ ☐ ☐ ☐ ☐ ☐ ☐ ☐ ☐.de

In zwei Schritten kannst du sie nun Stück für Stück ermitteln:

Schritt 1: Beantworte insgesamt 18 Fragen. Jede Frage bezieht sich auf ein ganz bestimmtes Kapitel dieses Buches. Nur die Kapitel 2 (Gedächtnistest) und 20 (du liest es gerade) wurden nicht berücksichtigt. Schreibe die passenden Antworten in die dafür vorgesehenen Kästchen. Das gesuchte Wort muss genauso lang sein, wie die Anzahl der gegebenen Kästchen (Umlaute wie Ä, Ü oder Ö können ebenfalls vorkommen). Das rot umrandete Feld benötigst du dann im Schritt 2.

Los geht's:

Kapitel 1 (Fernsehen):
Wo hatte sich der kleine Muck eingeklemmt:
☐ ☐ ☐ ☐ ☐ ☐ ☐ ☐

Kapitel 3 (Gehirnaufbau):
Mit welchem Namen können Nervenzellen noch bezeichnet werden:
☐ ☐ ☐ ☐ ☐ ☐ ☐ ☐

Kapitel 4 (Witze):
Wogegen wehrte sich Clara aus Leibeskräften:
☐ ☐ ☐ ☐ ☐ ☐ ☐

Kapitel 5 (Geographie):
Wie ist der Fachbegriff für eine Gedankenverknüpfung?
☐ ☐ ☐ ☐ ☐ ☐ ☐ ☐ ☐ ☐ ☐

Kapitel 6 (Zahlen):
Von welchem Lieferanten soll die Telefonnummer gelernt werden?
☐ ☐ ☐ ☐ ☐ ☐ ☐ ☐ ☐ ☐ ☐ ☐ ☐ ☐ ☐

Kapitel 7 (Einkaufsliste):
Was isst die Oma zum Nachtisch?
☐ ☐ ☐ ☐ ☐ ☐ ☐ ☐

Kapitel 8 (Geburtstage):

Wer möchte am liebsten Mozarts Perücke anknabbern?

☐ ☐ ☐ ☒ ☐ ☐ ☐ ☐

Kapitel 9 (Gedankenspaziergänge):

Wie lautet der sechste Loci-Punkt der Körperroute?

☐ ☐ ☐ ☐ ☐ ☐ ☒ ☐

Kapitel 10 (Spielkarten):

Für welche Kategorie steht die Spielfarbe »Pik«?

☐ ☒ ☐ ☐ ☐

Kapitel 11 (»lose Buchseiten«):

Wo untersucht man den Schlaf eines Menschen?

☐ ☐ ☐ ☒ ☐ ☐ ☐ ☐ ☐ ☐ ☐

Kapitel 12 (Vokabeln):

Bei diesem Volk ist Irren menschlich.

☐ ☒ ☐ ☐ ☐

Kapitel 13 (Gedichte):

Welches Fach möchte der Lehrer am Sonntag erklären?

☐ ☐ ☐ ☐ ☐ ☒ ☐

Kapitel 14 (Gedächtnismeisterschaft):

Wer in diesem Bundesland lebt, ist bei der Süddeutschen Meisterschaft richtig.

☐ ☐ ☐ ☐ ☐ ☒ ☐ ☐ ☐

Kapitel 15 (Quizshows):
Wie lautet das erste Wort im kurzen Merksatz der Bundeskanzler?

☐ ☐ ☐ ☐ ☐

Kapitel 16 (Gedanken aufzeichnen):
Wie nennt man die grafische Darstellung seiner Gedanken?

☐ ☐ ☐ ☐ ☐ ☐ ☐

Kapitel 17 (Schneller lesen):
Wofür steht der Buchstabe M bei der Bezeichnung »WpM«?

☐ ☐ ☐ ☐ ☐ ☐

Kapitel 18 (Klasse beeindrucken):
Welches Spiel kann man immer gewinnen?

☐ ☐ ☐ ☐ ☐ ☐ ☐ ☐ ☐ ☐ ☐

Kapitel 19 (Schach):
Mit welchem Hilfsmittel kann man die Konzentration deutlich steigern?

☐ ☐ ☐ ☐ ☐ ☐ ☐ ☐ ☐ ☐ ☐ ☐ ☐

Jede Antwort – ein Buchstabe

Schritt 2: Übertrage nun die Buchstaben aus den roten Kästchen in die folgende Tabelle. Du sollst diese beiden Buchstaben anschließend in die Lösungsmatrix am Kapitelende einsetzen.

Kapitel 1:	☐	+	Kapitel 3	☐	→
Kapitel 4:	☐	+	Kapitel 5	☐	→
Kapitel 6:	☐	+	Kapitel 7	☐	→
Kapitel 8:	☐	+	Kapitel 9	☐	→
Kapitel 10:	☐	+	Kapitel 11	☐	→
Kapitel 12:	☐	+	Kapitel 13	☐	→
Kapitel 14:	☐	+	Kapitel 15	☐	→
Kapitel 16:	☐	+	Kapitel 17	☐	→
Kapitel 18:	☐	+	Kapitel 19	☐	→

Hierfür benötigst du die Lösungsmatrix!

www.

☐ ☐ ☐ ☐ ☐ ☐ ☐ ☐ ☐

.de

Die Lösungsmatrix ähnelt einem Schachspiel. Am Rand findest du die Bezeichnungen der Spalten (A bis E) und der Zeilen (L bis P). In der Mitte findest du die Buchstaben, aus denen dann die Internetadresse zusammengesetzt werden soll.

Damit du genau verstehst, wie du die Lösungsmatrix anwenden sollst, möchte ich dir ein Beispiel geben: Angenommen bei der einen Frage steht im roten Feld ein »D« und bei der anderen Frage ein »M«. Dann suchst du am Rand der Lösungsmatrix diese beiden Buchstaben heraus und schaust nach, an welcher Stelle sie sich treffen. Bei diesem Beispiel treffen sie sich beim »Y«. Schon hättest du einen Buchstaben der Internetadresse gefunden!

Die Reihenfolge der beiden Buchstaben spielt im Übrigen keine Rolle – mal wirst du oben im Spaltenkopf fündig, mal links bei den Zeilen.

	A	B	C	D	E
L	G	A	E	Q	T
M	O	W	D	Y	P
N	V	F	U	I	H
O	J	M	R	K	B
P	C	Z	S	N	L

Schritt 2 – Die Lösungsmatrix

Alle Buchstaben – eine Internetseite!

So, nun liegt es an dir, ob du die geheime Internetadresse herausfindest. Und wenn du ein echter Grips-Junior bist, dann verrätst du die Adresse nicht weiter, damit die anderen genauso viel Spaß an dem Rätsel haben können wie du!

Anhang A – Das **Twin-System** – eine ganz neue Gedächtnistechnik für Zahlen

Die Bilder sind extra etwas größer gedruckt. Du kannst die nächsten Seiten kopieren und kleine Lern-Karteikarten daraus basteln.

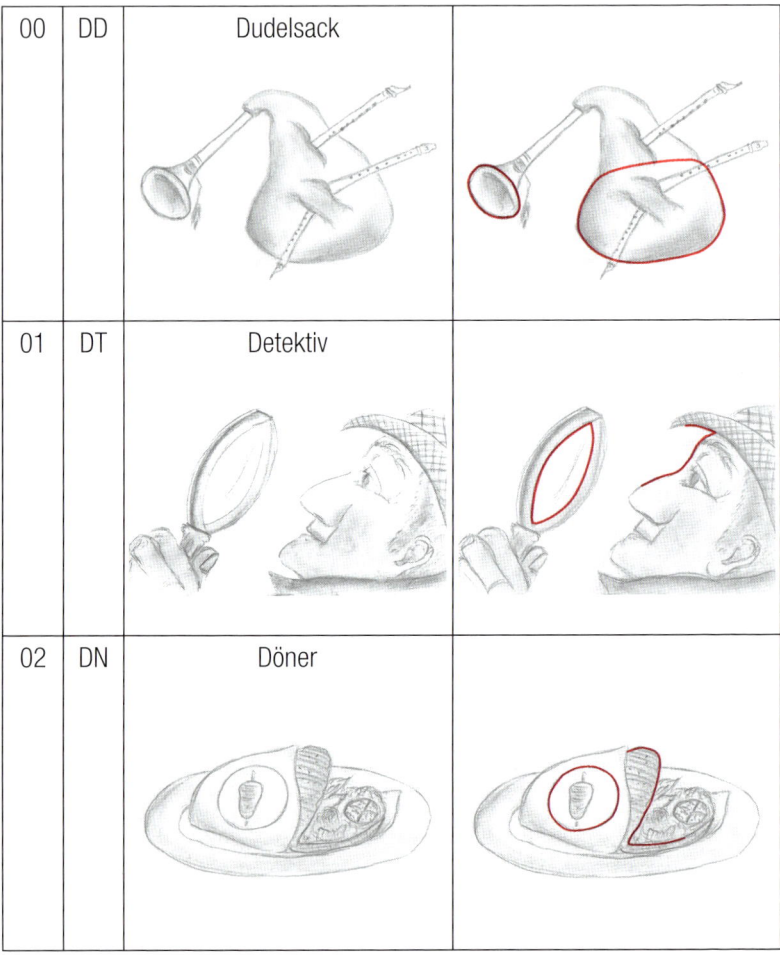

00	DD	Dudelsack
01	DT	Detektiv
02	DN	Döner

03	DM	Daumen	
04	DK	Doktor	
05	DS	Dosen	
06	DG	Digitaluhr	

07	DL	Delfin	
08	DB	Dieb	
09	DP	Doppeldecker	
10	TD	Teddy	

11	TT	Tatze	
12	TN	Tintenfisch	
13	TM	Tomate	
14	TK	Taktstock	

15	TS	Tasse	
16	TG	Tiger	
17	TL	Telefon	
18	TB	Taube	

19	TP	Teppich	
20	ND	Nudeln	
21	NT	Netz	
22	NN	Nonne	

23	NM	Namensschild		
24	NK	Nikolaus		
25	NS	Nase		
26	NG	Nagel		

27	NL	Nilpferd	
28	NB	Nabelschnur	
29	NP	Neptun	
30	MD	Made	

31	MT	Matrose		
32	MN	Mond		
33	MM	Mumie		
34	MK	Mikado		

35	MS	Muskel	
36	MG	Magnet	
37	ML	Maulwurf	
38	MB	Mobilé	

39	MP	Moped	
40	KD	Köder	
41	KT	Kettensäge	
42	KN	Kanone	

43	KM	Kamm	
44	KK	Kaktus	
45	KS	Käse	
46	KG	Kegel	

47	KL	Keule	
48	KB	Kobra	
49	KP	Kapuze	
50	SD	Siedlung	

51	ST	Sattel	
52	SN	Sanduhr	
53	SM	Sumo-Ringer	
54	SK	Sekt	

55	SS	Sessel	
56	SG	Segelboot	
57	SL	Salzstreuer	
58	SB	Säbel	

59	SP	Superman	
60	GD	Gedächtnis	
61	GT	Gitarre	
62	GN	Gong	

63	GM	Gummibärchen	
64	GK	Gecko	
65	GS	Gaspedal	
66	GG	Geige	

67	GL	Geld	
68	GB	Gabelstapler	
69	GP	Gipsbein	
70	LD	Lederhose	

71	LT	Latz	
72	LN	Lenker	
73	LM	Lama	
74	LK	Luke	

75	LS	Lasso	
76	LG	Lagerfeuer	
77	LL	Lolli	
78	LB	Lebkuchen	

79	LP	Lippen	
80	BD	Bademantel	
81	BT	Batterie	
82	BN	Biene	

83	BM	Bombe	
84	BK	Bakterie	
85	BS	Besen	
86	BG	Bagger	

87	BL	Ball	
88	BB	Baby	
89	RP	Bcpflanzung	
90	PD	Paddel	

91	PT	Patrone	
92	PN	Pinguin	
93	PM	Pommes	
94	PK	Paket	

95	PS	Pisa-Turm	
96	PG	Pegasus	
97	PL	Pllz	
98	PB	Pobacken	

99	PP	Papierkorb	

■ Anhang B – Das optimale Ersatzsystem für Spielkarten

Kreuz ♣ bedeutet Straßenverkehr
Pik   ♠ bedeutet Natur
Herz   ♥ bedeutet Mensch
Karo   ♦ bedeutet Zirkus

Ziffer	2	3	4	5	6	7	8	9	10 (0)
Buchstabe	N	M	K	S	G	L	B	P	D

Karte	Bedeutung
♣2	Nummernschild
♣3	Motorrad
♣4	Kinderwagen
♣5	Stau
♣6	Geländer
♣7	Lenker
♣8	Bus
♣9	Pedal
♣10	Dreirad
♣Bube	Schulkind
♣Dame	Verletzte
♣König	Polizist
♣Ass	Ampel

Karte	Bedeutung
♠2	Nuss
♠3	Mohrrübe
♠4	Klette
♠5	Sense
♠6	Gras
♠7	Lava
♠8	Banane
♠9	Palme
♠10	Dornen
♠Bube	Affe
♠Dame	Ziege
♠König	Löwe
♠Ass	Ameisen

Karte	Bedeutung
♥2	Nase
♥3	Mund
♥4	Knie
♥5	Stirn
♥6	Gebiss
♥7	Locken
♥8	Bauch
♥9	Po
♥10	Daumen
♥Bube	Vater
♥Dame	Mutter
♥König	Opa
♥Ass	Auge

Karte	Bedeutung
♦2	Netz
♦3	Mikrofon
♦4	Kasse
♦5	Stuhl
♦6	Girlande
♦7	Lampe
♦8	Bonbon
♦9	Peitsche
♦10	Dolch
♦Bube	Clown
♦Dame	Seiltänzerin
♦König	Zirkusdirektor
♦Ass	Armband

◼ Anhang C – Einige Anmerkungen für Eltern

Liebe Eltern!

Sie haben sicher großes Interesse daran, dass Ihr Kind sich in seiner Persönlichkeit angemessen entfaltet. Vielleicht sind Sie mit seiner Entwicklung zufrieden und möchten es weiter fördern, oder aber Sie machen sich Sorgen wegen seiner schulischen Leistungen. In beiden Fällen kann sich das Gedächtnistraining positiv auf Ihr Kind auswirken.

Aufgrund meiner jahrelangen Arbeit mit Kindern und Jugendlichen habe ich reichhaltige Erfahrungen sammeln dürfen, wie die Lernmethoden in Alltag und Schule richtig eingesetzt werden können. Überdurchschnittlich viele Schülerinnen und Schüler waren von dem Thema fasziniert bzw. verwenden die erlernten Techniken bewusst – teils aber auch unbewusst – im schulischen Alltag. Bei einigen war die Begeisterung sogar so groß, dass sie sehr erfolgreich an Gedächtnissport-Meisterschaften teilnahmen oder nach entsprechendem Spezialtraining mit erstaunlichen Leistungen vor einem Millionenpublikum im Fernsehen auftraten.

In diesem Buch wurden nun die wichtigsten Erkenntnisse in »gehirnverständlicher« Form aufbereitet und mit einer altersgerechten Sprache versehen. Viele unterschiedliche Übungen dienen dem ersten Ausprobieren der Lerntechniken, um die Wirkung auf das eigene Gedächtnis zu beobachten. Tatsächlich ist jeder Mensch in der Lage, über das Gedächtnistraining seine Lernleistung deutlich zu steigern (Sie selbst übrigens ebenfalls!). Wenn Sie neugierig sind, schlagen Sie doch einfach mal die Seite (62 ff.) im Kapitel 5 auf. Lassen Sie sich überraschen, wie schnell Sie die größten EU-Länder in der richtigen Reihenfolge auswendig lernen können!

Natürlich darf bei unseren Kindern und Jugendlichen der Spaß am Lernen nicht zu kurz kommen. Manche haben nur selten erleben dürfen, dass Lernen mehr als nur ein Pflichtprogramm sein kann. Deshalb sollten die im Buch genannten Lerntechniken Ihr Kind herausfordern, die eigene Fantasie zu entwickeln und lustige und »merk-würdige« Lernbrücken zu benutzen. Aus der Kombination von ersten Erfolgen und dem Spaß an den Lerntechniken kann sich dann eine deutliche Motivationssteigerung ergeben. Die von innen kommende (intrinsische) Motivation ist mit Abstand das Beste, das Kindern und Jugendlichen passieren kann. Hiermit verbunden ist häufig ein steigendes Selbstbewusstsein, weil die Kinder und Jugendlichen nicht nur stolz auf ihre erreichten Leistungen sind, sondern sich durch die Messbarkeit der Ergebnisse auch besser selbst einschätzen können. Dies wird ergänzt durch ein ausreichendes Verständnis der Vorgänge im eigenen Gehirn. Aus diesem Grund werden neben den verschiedenen Übungskapiteln auch Themen wie Gehirnaufbau oder die Funktionen des Schlafes altersgerecht vorgestellt.

Das vorliegende Buch richtet sich an Kinder und Jugendliche von 10 bis 17 Jahren. Diese Altersgruppe besitzt eine andere Leseweise als Erwachsene und agiert deutlich stärker interessengesteuert. Die durchschnittliche tägliche Lesedauer schwankt zwischen 20 bis 40 Minuten. Das Lesen ist vorrangig auf Kurzpassagen ausgerichtet und von häufigeren Pausen geprägt. Die überwiegende Anzahl der Kinder und Jugendlichen liest – wenn überhaupt – abends vor dem Schlafengehen.

Die Grundidee des Buches basiert deshalb auf einer Vielzahl unabhängig voneinander zu lesender Kapitel, die jeweils innerhalb von etwa 20 Minuten durchgearbeitet werden können. Ihr Kind darf und soll sich die Kapitel auswählen, die ihm spontan interessant erscheinen. Es ist hierbei nicht an eine festgelegte Reihenfolge gebunden. Sollte zu bestimmten Themen größeres Interesse bestehen, so kann es den verschiedenen Kapitelverweisen folgen, die regelmäßig im Text eingebaut sind.

Versuchen Sie sich doch auch einmal gemeinsam mit Ihrem Kind an der einen oder anderen Übung. Der direkte Vergleich mit Ihnen kann eine zusätzliche Herausforderung darstellen. Machen Sie Mut, seien Sie großzügig mit Lob und geben Sie ausreichende Unterstützung!

Wer weiß, vielleicht entdeckt Ihr Kind ja auf diesem Wege ein ganz neues und spannendes Hobby – das Training des eigenen Gedächtnisses!

Mit »unvergesslichen« Grüßen

Ihr Steffen Bütow

Hier dreht sich alles um das Gedächtnis

Wie man sein logisches Denkvermögen in Hochform bringt

978-3-453-61502-1

Arthur Benjamin /
Michael Shermer
Mathe-Magie
*Verblüffende Tricks für blitzschnelles
Kopfrechnen und ein phänomenales
Zahlengedächtnis*
978-3-453-61502-1

Rüdiger Gamm / Alexandra Ehlert
Train your brain
*Die Erfolgsgeheimnisse
eines Gedächtniskünstlers*
978-3-453-60064-5

Christiane Stenger
**Warum fällt das Schaf
vom Baum?**
*Gedächtnistraining mit der
Jugendweltmeisterin*
978-3-453-68511-6

Birgit Adam
**Die besten Denk-
und Gedächtnisspiele**
*Von leicht bis kniffelig – Zum
Selberknobeln und Rätseln im
Freundeskreis*
978-3-453-68514-7

Gareth Moore
**Gedächtnistraining für
kluge Köpfe**
*Mit kniffligen Rätseln, Denkspielen
und Puzzles zum Supergehirn*
978-3-453-68540-6

Daniel Tammet
Elf ist freundlich und Fünf ist laut
Ein genialer Autist erklärt seine Welt
978-3-453-64040-5

Leseproben unter: **www.heyne.de**